Reconstruire le féminisme

Des cours d'école
aux conseils d'administration

Questions contemporaines
Série « Questionner le genre »
Dirigée par Bruno Péquignot

Les questions qui portent sur les rapports de sexes, dans la vie sociale, économique et politique sont l'objet de débats et de réflexions extrêmement riches. La prise en compte de cette approche des questions contemporaines est l'objet de cette série qui publiera des essais développant des analyses ou prenant des positions sur les questions vives de la vie sociale à partir de cette question que le genre pose à la société.

Dernières parutions

Nathalie FAUCHEUX, *Droits des femmes et cinéma. Petit guide de survie*, 2023.

Nicole PÉRUISSET-FACHE, *Femmes de tous pays… …libérons-nous du patriarcat !*, 2021.

Louise FINES, *Les systèmes d'abus au pouvoir. Les abuseurs veulent maintenir l'ordre des choses*, 2019.

Johanna HENRION-LATCHÉ, *Féminin et République : une éthique du caractère*, 2017.

Louise FINES, *Cartographies corporelles, conflits de temporalités et continuum de violence, Femmes meurtries et médicaments nocifs*, 2017.

Alexandre BAUMANN, *Les inégalités, hommes-femmes en question ? Entre choix, éducation et rationalité*, 2017.

Hakim BEN ROMDHANE, *Femmes en otages. Interculturelle sur la situation psychologique des femmes d'origine arabo-musulmane en France*, 2016.

Rafaela CYRINO, *Le genre : du déterminisme biologique au déterminisme socioculturel ?* , 2014.

François Hoehlinger

Reconstruire le féminisme

Des cours d'école
aux conseils d'administration

L'Harmattan

Francois HOEHLINGER est un entrepreneur et auteur, spécialiste du monde des nouvelles technologies, des startups et de la mobilité. Diplômé d'EMLYON et X, il dédie sa carrière aux entreprises dans le transport et la mobilité, afin de rendre celles-ci plus durables, mais aussi plus inclusives.

Il publie en 2023 un livre blanc sur l'inclusion des minorités et des populations exclues des modes de transports classiques, qui est présenté aux différents gouvernements de l'Union européenne ainsi qu'aux dirigeants d'entreprises du réseau. Ce livre blanc rassemble un travail universitaire de près de 18 mois, plusieurs milliers de réponses aux questionnaires et une centaine d'interviews de personnalités influentes, représentatives de l'ensemble de la société.

François est engagé au quotidien pour l'égalité entre genres et l'inclusion des personnes exclues de la société et de ses modes de transport, notamment au travers du réseau d'entrepreneurs européen « InterMobility » qu'il a co-fondé et dans lequel sont débattus ces sujets de société et sont menés des actions sur le terrain pour corriger ces inégalités auprès des dirigeants et personnalités influentes.

© L'HARMATTAN, 2024
5-7, rue de l'École-Polytechnique, 75005 Paris
http://www.editions-harmattan.fr
ISBN : 978-2-336-45162-6
EAN : 9782336451626

Il y a des trésors cachés dans l'instant présent
À ceux qui les saisiront après moi

« La vie est-elle courte ? Il m'a semblé bien long, le rêve que j'ai fait »
Yokoi Yayu

Note de l'auteur

Ce livre est un appel à l'action et à la réflexion collective. Il est destiné à susciter des débats, à inspirer des initiatives et à encourager les changements nécessaires pour atteindre une véritable égalité entre les hommes et les femmes au travail. Nous invitons les lecteurs à s'engager activement dans cette cause et à rejoindre cette quête de reconstruction pour un avenir plus équitable et inclusif. Ensemble, nous pouvons construire un monde où les femmes et les hommes pourront s'épanouir pleinement, sans entraves ni préjugés de genre.

Ce livre retrace plus d'un an de travail, de discussions et de rencontres avec un nombre d'acteurs clés, depuis la politique jusqu'aux experts universitaires, à la fois pour mieux comprendre les enjeux et les périmètres cités, mais également pour avoir une vision inaltérable du terrain, du réel trop souvent occulté dans certains rapports.

Ce livre enfin, c'était l'occasion pour moi d'approfondir un sujet à la fois passionnant et tellement nécessaire, dans une société qui navigue à vue. C'était également l'occasion pour moi de mettre en lumière des rencontres, des personnalités, des projets qui font sens, qui suscitent l'admiration, et demain peuvent être des vocations.

INTRODUCTION

« *La coopération des deux sexes est nécessaire pour le progrès de l'humanité, et il n'y aura de véritable progrès tant que les femmes continueront d'être opprimées et leurs contributions sous-estimées.* » (John Stuart Mill, 1851)

Des combats que la société contemporaine mène, dans une quête parfois effrénée de justice et de satisfaction, il y en a des plus simples à mener que d'autres. Cette discussion, cette dispute, nous la vivons au quotidien, sur les écrans de télévision, mais aussi dans l'ensemble des situations que la vie veut bien nous offrir : c'est un sujet omniprésent et loin d'être inodore. Cela vous rappelle certainement des souvenirs, non ?

De ceux qui trouvent que les femmes et autres genres devraient être mieux représentés et mieux intégrés dans la société, de ceux qui pensent que l'on en fait trop avec ces sujets, et que ces mouvements sont plus destructeurs que suppléants de la cause : bref, c'est une belle pagaille.

Il est important de bien comprendre pourquoi nous prenons le temps de la relecture de l'histoire, de rallumer la bougie et de faire fondre la cire afin de mieux comprendre quels mécanismes nous ont menés ici, aux questions originelles des inégalités existantes entre les hommes et les femmes, dans la société et sur le lieu de travail, pourtant marqueur d'émancipation pour les classes persécutées et les voix silencieuses.

Ce combat, c'est évidemment celui des femmes qui m'entourent, des sœurs, des amies, des mentors, mais c'est aussi le mien, car on peut douter de tout, sauf de la nécessité de se battre pour ceux qui sont opprimés.

Pourquoi « Reconstruire » ?

Pourquoi vouloir s'engager dans une thématique qui se complexifie de nos jours, avec de nombreuses prises de position polarisantes, faisant oublier que la vérité de l'Histoire s'exprime plus souvent dans ses silences que dans ses fracas, dans ses éclats de voix, dans ses drames et ses victoires ? S'engager, c'est aussi remettre l'église au centre du village, loin des petits calculs politiques de Sandrine Rousseau et d'autres acteurs politiques, qui font de leurs déclarations des comptes de campagne.

S'engager, c'est faire le premier pas, c'est mettre en avant ce qui existe déjà, et contempler le chemin qui reste à parcourir. S'engager, ça a été pour moi une évidence, comme tant d'autres dont la présence de femmes dans la vie a permis de s'élever.

Connaissez-vous ce conte arabe qui s'appelle « La Mort et le Marchand » ? Un marchand croise la Mort dans les rues de Bagdad qui le fixe, et secoué par la peur, il s'enfuit vers Samarra. À la tombée de la nuit, une ombre tenant une faux vient à sa rencontre. Le marchand lui demande : « pourquoi me fixiez-vous ce matin dans les rues de Bagdad » ? La Mort répondit calmement : « car j'étais surpris de te voir à Bagdad. Nous avions rendez-vous ce soir à Samarra ». Moralité : personne n'échappe réellement à son destin. C'est vrai pour vous, c'est vrai pour moi. Je n'aurais pas pu éviter cet engagement, pour une cause juste et personnelle.

Pour mieux comprendre pourquoi nous devons reconstruire et pas simplement construire, il faut tout d'abord s'attarder sur cette *histoire silencieuse* dont fait mention Jill Lepore, qui part son déchiffrage et la lecture de ses signaux faibles nous en apprends beaucoup sur la situation actuelle, mais également sur les étapes à venir de nombreux mouvement qui parfois servent une cause supérieure. Ces mêmes mouvements qui ont la fâcheuse habitude de nous faire oublier la grande image de l'histoire. Je me dois d'être franc, j'avais cet avis et tenais ces propos au début de ma vie d'adulte, ne comprenant pas ces mouvements extrémistes féministes, des prises de paroles ultra-agressives, des manifestations nues dans des églises ou devant le siège des administrations. C'est certainement l'alsacien en moi qui parle, celui qui n'aime pas quand les actions sortent du cadre, celui qui préfère la tranquillité d'une journée d'automne. Mon engagement, comme beaucoup d'entre eux, est né de rencontres marquantes. Je m'en souviens comme si c'était hier. Un soir de 2017, dans les salons de l'Hôtel de Ville de Paris, je suis invité par mon amie Sophie à rencontrer plusieurs figures de proue du mouvement féministe, dont Caroline Fourest, qui se trouve être une amie proche de Sophie.

Êtes-vous déjà allé dans une soirée où vous ne connaissiez absolument personne, et vous vous demandiez ce que vous faisiez là ? C'était un peu ce qui se passait dans ma tête à ce moment : nous étions quelques hommes au milieu de vedettes du mouvement. Au moment où je me décidais de partir, je me suis retrouvé assis à une table à discuter en tête à tête avec Inna Chevtchenko et Maryam Namazie. L'une est l'instigatrice du mouvement Femen, une ardente défenseure de la liberté des femmes dans un des pays les plus violents à l'égard des femmes : la Russie. Elle est aussi une des femmes les plus gentilles que j'ai jamais rencontrées, me racontant plein d'anecdotes sur son enfance en Ukraine. Qui aurait pensé qu'une femme engagée, au point de débouler sein nus au milieu de Notre-Dame de Paris, avant de se faire expulser par les forces de l'ordre, cachait une telle personnalité : les deux faces d'une même pièce.

Maryam aussi, et dans son discours transpirait des années de persécution, de combat pour la laïcité face aux extrémismes religieux en Iran, pays dont elle est originaire et qu'elle a dû quitter face à la montée en puissance de l'islam et la réduction des libertés des femmes. Parmi ses manifestations, elle s'était particulièrement fait connaître pour un calendrier de photos seins nus avec des versets du coran, comme un ultime affront aux islamistes radicaux.

Une lumière s'est allumée ce jour : elle était sur la ligne de front, risquant leur vie, et cette parenthèse confortable de l'Hôtel de Ville de Paris et de ses petits fours ne traduisait pas l'immensité du combat qu'il restait à mener. C'est elles qui m'ont poussé à m'engager.

Plus qu'une simple promenade dans le parc des émotions et des statues antiques brisées, je vous propose une visite, dans le temps et l'espace, d'une thématique qui suscite controverses et frictions, au sein d'une société qui met du temps à effectuer sa mue, posant la plupart de ses problèmes à résoudre avec un manichéisme affirmé, comme si les grands questionnements de l'Histoire de ne résolvent pas dans le gris clair. En gros, finis d'emplâtrer son beau-frère ou sa belle-sœur dans les déjeuners de famille du dimanche.

Travailler sur une compréhension des enjeux de société devrait évidemment être l'affaire de toutes et tous, tant les sujets sont complexes et ne devraient pas être la propriété d'une élite ou d'un camp spécifique. Pouvoir s'approprier un sujet et en faire un lieu d'échange, de partage et de construction, c'est évidemment l'objectif d'un tel ouvrage.

Lorsque je me suis lancé dans la construction ou plus précisément la reconstruction d'une entreprise comme pouvait l'être ma précédente expérience, je me suis fait la promesse que peu importe où l'embarcation nous emmenait, je ferais des choix guidés par mes croyances, que j'embaucherais des talents qui sauront faire résonner ces engagements, et enfin, de ne jamais renier ce pourquoi nous faisons tout cela. C'est la fierté de pouvoir regarder en arrière, que le projet soit un succès ou un échec, on reste un acteur de ce qui est juste, selon nos codes. Je pensais pouvoir me regarder dans la glace. C'est ce que je croyais, sans comprendre ce que c'était de vraiment s'engager.

Ce choix de s'engager, d'essayer d'avoir un impact, naissait de plusieurs constats, dont le premier était que pas ou peu d'entreprises ne s'engagent dans leurs phases naissantes sur ces sujets, mais plutôt à des étapes plus avancées de l'entreprise, faisant de ce sujet une commodité. En travaillant main dans la main avec des entités comme la French Tech ou la Commission européenne, je me suis vite rendu compte que ce combat était un combat de niche, que cela n'intéressait malheureusement personne. Il fallait donc s'engager, faire quelque chose de nouveau, de différent.

Ce choix, c'était également une volonté affichée de pouvoir mieux adresser des générations d'employés et d'utilisateurs qui ne se retrouvent pas encore tout à fait dans les offres existantes. J'ai tout de suite été surpris par le nombre de candidatures féminines qui ont afflué pour travailler chez nous, une fois les premières interviews données et les balbutiements de la plateforme éducative que nous souhaitions mettre à la disposition des employés. Une entreprise qui, dans sa phase de construction, se positionne comme un acteur de la mobilité, mais aussi de l'inclusion : c'était du jamais vu. Ce discours était très bien perçu du corps universitaire et associatif pour qui le monde des startups restait macho et très stéréotypé.

Ce choix, enfin, c'est celui d'une conviction, personnelle, intime, forte, que ce n'est pas un homme qui va sauver tout le monde, que ce ne sont pas des congrégations de femmes qui vont sauver tout le monde, que le travail collaboratif ne suffira pas tant les questionnements sont profonds, tant les cicatrices sont profondes, mais commencer, travailler sans cesse, convaincre et donner le pouvoir de changer les choses.

Cette conviction, nous ne la partageons pas tous, et c'est ce qui fait de ce sujet un thème de passions et de débats, mais surtout un thème auquel nous n'avons offert aucune finalité.

Aucune finalité.

PARCE QUE LA VIE EST
UNE MONTAGNE À GRAVIR

Dans les méandres de la société contemporaine, une réalité persistante continue d'entraver notre progression vers une société plus égalitaire : l'inégalité entre les hommes et les femmes. Malgré les avancées et les luttes historiques, les disparités persistent dans de nombreux domaines, et l'un des terrains où ces inégalités sont encore manifestes est celui du travail. Est-ce que je vois des inégalités au sein de mon travail ? Je n'en ai pas l'impression, les femmes ont l'air heureuses, elles ont des postes prestigieux, des promotions. De quoi parlons-nous ?

Pourquoi le travail est-il un élément, une clé de voûte de la discussion sur l'inégalité elle-même ?

Le travail, dans sa forme la plus simple, est un vecteur d'accomplissement social, un vecteur de création de richesse, de pouvoir économique, mais c'est surtout une des premières pierres de la constitution d'un être humain, capable d'agir en société et d'interagir avec les institutions qu'elles soient démocratiques ou qu'elles ne le soient pas. C'est le fondement de l'être.

Le travail est donc réalisation, le travail est accomplissement pour les autres et pour soi-même, et c'est un privilège auquel les femmes ne peuvent s'habituer que depuis peu de temps, et qui est certainement aux origines de la discussion : pourquoi avons-nous, les hommes, laissés les femmes tenter de grimper l'échelle sociale, en œuvrant dans des métiers qui n'étaient plus de simple occupation sociale ?

C'est l'œuvre d'Hannah Arendt qui transparaît dans ces lignes, ce travail sur la condition de l'homme en tant qu'acteur d'une société *(Condition de l'Homme moderne, 1958)* : l'homme et la femme ont besoin de ce pouvoir socialisant qu'est « le travail à impact ».

Cette notion de « travail à impact » est une notion que j'ai pu étayer lors de nombreuses conférences, notamment sur les inégalités entre hommes et femmes dans les transports.

Qu'est-ce que l'impact ?

L'impact, c'est le fait de heurter, que ce soit physiquement ou mentalement, c'est faire que la situation initiale change par la force. L'impact, c'est la capacité à faire changer les choses, évoluer et avancer.

Si cette notion est tout à fait coutumière des sports ou de la culture, elle peut tout à fait être adaptée au monde du travail où le travail de domestique a progressivement été remplacé par un travail plus technique, à plus forte valeur ajoutée. Et si l'ouverture aux emplois plus qualifiés peut définitivement être considérée comme un progrès pour les femmes, c'est évidemment un élément déclencheur d'une situation établie amenée à s'effondrer, tôt ou tard.

Combien de fois ai-je discuté avec des femmes qui m'évoquaient, rêveuses, la carrière qu'elles n'ont pas pu faire, par manque de place ou de courage ? Repensez-y bien lorsqu'une femme, une proche ou une collègue vous raconte une histoire similaire : votre réponse changera peut-être sa vie.

De l'importance de l'inégalité

L'inégalité entre les hommes et les femmes est bien plus qu'une simple question de chiffres et de statistiques. Elle est un reflet de la structure sociale et des normes qui façonnent notre société. Cette inégalité est un liant fondamental de nos relations, qui s'avance de façon utopiste et illusoire vers ce qu'elle qualifie d'égalitaire. Elle est importante tant elle structure les combats, tant elle donne des objectifs clairs et des chiffres à aller conquérir, tant elle dirige d'une main de fer de la décision vers des choix qui sont dépourvus de logique.

L'inégalité est importante, car elle existe, et elle doit être acceptée.

Dans le sport, celle-ci doit être actée : en effet, Serena Williams ne battra jamais un joueur de tennis du Top 200.

Les cyclistes femmes courent entre 20 et 25 % moins vite que les hommes. Or cette inégalité a très longtemps exclu les femmes d'avoir un relais médiatique et l'occasion de s'affronter lors de compétitions majeures telles que le Tour de France, le Giro d'Italia ou la Vuelta. « Parce qu'on se fait chier », disait notre Thierry Roland national.

On a donc construit ces épreuves en tenant compte de ces inégalités, et ceci dans la plupart des sports qui demandent une telle adaptation, l'essentiel restant le spectacle et la capacité à divertir un public désormais plus averti. Les résultats d'audience et l'engouement sont une preuve de plus que le terreau est ici fertile.

Il s'agit ici d'un marxisme du sport, dans son plus bel attirail. Méticuleusement, le sport a été construit comme apanage du destructeur de barrière sociale entre les couches populaires et les couches moyennes, mais convoyant les mêmes inégalités de genres : la femme tient la même place, peu importe donc sa classe sociale. Le sport est donc un vecteur de liberté, mais il est le premier catalyseur des inégalités entre les genres, et ce à tous les niveaux de jeu et dans l'ensemble des sports.

Nous ne nous en rendrions pas compte sans notre acceptation de l'inégalité.

Les inégalités dans le sport sont criantes. Vous vous ennuyez devant un match de football féminin ? Vous trouvez que le cyclisme féminin va trop lentement ? Peut-être que oui. Peut-être que les attentes devraient être différentes.

À titre de comparaison, les droits TV de la *D1 Arkema* pour la saison 2021/2022 sont d'environ 1,2 million d'euros, quand ceux de la *Ligue 1 Uber Eats* approchaient les 700 millions d'euros. La *Premier League* Anglaise est-elle valorisée à plus de 3 milliards d'euros. Ce gouffre est important à montrer, non pour stigmatiser un genre par rapport à l'autre, mais pour mieux comprendre comment les rouages se mettent en marche et comment arriver à deux structures de poids équivalents et qui proposeront une seule certitude : même à financements équivalents, nous n'assisterions probablement pas au même sport.

Si nous n'assistons pas aux mêmes sports, il est donc intéressant de faire le comparatif avec des sports individuels (et donc moins compliqués à financer individuellement) jugés plus élitistes comme le tennis ou le golf, où nous assistons aux mêmes patterns, aux évolutions de styles et d'époques de façon similaire, mais avec un décalage. Ces patterns permettent donc d'évaluer la maturité des sports, l'avènement de la visibilité médiatique et du financement.

Pour le tennis par exemple, nous pouvons observer une croissance exponentielle du nombre d'inscrits en France entre les années 70, où ils étaient moins de 150 000 licenciés contre près de 1.3 million en 1980 *(Chiffres FFT, 2018).*

Cette croissance est évidemment multifactorielle et correspond à une « époque », à savoir la conjoncture de la médiatisation du tennis, l'arrivée massive dans les foyers d'un poste de télévision *(90 % en 1980 contre 70 % en 1970)* et l'émergence de champions iconiques : Connors, Björg, McEnroe.

L'émergence d'une « époque » va être symbolique pour de nombreux sports et mouvements culturels et portera des dénominateurs communs *(investissements, championnes iconiques, actions des instances privées et publiques)* et ne se fera qu'au travers d'un combat contre des inégalités bien ciblées. C'est le cas du tennis, qui s'il a vu des joueuses d'exception s'affronter dans les années 90 *(Hingis, Davenport, Hénin)* voit l'émergence d'une vague de joueuses iconiques *(Williams, Sharapova, Swiatek)*, symbole d'un gouffre se refermant lentement, de mieux en mieux payé.

Enfin, fait intéressant : le nombre de licenciés de tennis diminue de façon régulière en France. En conclut-on que le sport a ici atteint ses limites ou simplement que les structures existantes ne sont plus adéquates ? En effet, ce serait oublier tous les joueurs et joueuses qui ne sont pas licenciés.

Le sport est donc un vecteur d'égalitarisme notoire, notamment dans notre façon d'éduquer les jeunes garçons et les jeunes filles, et surtout l'exutoire nécessaire d'une société qui se referme sur elle-même à force d'extrémismes. Or, le sport se fiche des extrémistes, ou des discussions genrées : seule la performance importe.

Le sport, c'est la montagne à gravir. Celle que nous voulons tous gravir, celle de Kristin Harila qui grimpe plus vite que personne les plus hauts sommets de la planète. Kristin est à la fois précurseur, mais aussi modèle pour toutes celles qui pensent que ce n'est pas possible : atteindre les plus hauts sommets, le plus vite, sans hésiter, sans douter.

Mais comment donc comparer les performances correctement si les critères sont les mêmes ? On sait pertinemment qu'une championne de tennis ne peut pas se battre à armes égales contre un champion de tennis. L'exemple de Serena et de son sparing partner, classé au-delà de la 200e place mondiale, qui lui passe 6-0/6-1 montre que selon nos critères classiques, le tennis féminin peinera à proposer le même spectacle, ce sera simplement différent, et c'est finalement ce qui nous passionne. Donc, comment fait-on concrètement ?

L'inégalité est ici nécessaire

Elle est nécessaire, car elle permet d'aborder des versions différentes des mêmes disciplines, avec une intensité ou un engagement physique autre. Pour finir, on s'en fiche : seules les émotions comptent ! Seuls les larmes, la sueur, le sang font qu'un match de tennis de haut niveau, une étape cycliste ou un échange au fleuret peuvent avoir la même résonance.

Néanmoins.

Les conséquences de ces inégalités se font sentir à de nombreux niveaux, tant au niveau individuel que collectif. Elle affecte la vie des femmes sur le plan professionnel, économique, social et même psychologique. Mais elle ne se limite pas aux femmes, elle affecte également les hommes en perpétuant des stéréotypes de genre et en restreignant les possibilités de choix et d'épanouissement.

Et la médiatisation n'en est qu'une conséquence, et nous l'avons vu avec les droits télévisuels dédiés au football féminin, qui demeurent dérisoires au vu de l'engouement de ce sport, en témoigne le nombre de téléspectateurs lors de la récente Coupe du Monde en Australie et en Nouvelle-Zélande. À titre de comparaison, les droits de la Jeep Élite de Basket Ball masculin français sont deux fois plus élevés que la D1 de football féminin français avec 5 fois moins de licenciés et 20 fois moins de téléspectateurs.

Cette inégalité criante doit permettre de faire progresser ces sports, non pas vers une meilleure homogénéisation face aux hommes, mais plutôt vers une meilleure version de leur propre sport, avec les atouts que ceux — ci comportent, qui divergent forcément de ce que nous avons eu l'habitude de voir depuis des décennies.

J'ai grandi dans un petit village d'Alsace, à proximité de Strasbourg, dans lequel le sport jouait une part prépondérante de la vie de ses habitants, et dont les différentes équipes portaient fièrement les couleurs chaque week-end. J'avais 8 ans lorsque mon grand-père m'emmena au premier match féminin de ma vie, dans le modeste stade du village. À ce moment, je ne comprenais pas spécialement pourquoi tant de personnes venaient assister à un banal match de football en rase campagne, à venir se faire des engelures en regardant 22 filles courir après un ballon. Puis, mon grand-père me montre les maillots des adversaires avec un brin de malice. Je reconnais tout de suite les couleurs blanches et bleues, et le lion si caractéristique : elles affrontaient Lyon. Et nous regardions un match de Ligue 1 féminine, car à cette époque, mon village était en Ligue 1 de football !

L'engouement existait déjà.

Pas de préjugés ici, on avait froid, ça buvait des grogs à la buvette, ça criait sur l'adversaire, ça vivait les émotions de la même façon.
Heureusement que le professionnalisme est arrivé par là-bas pour structurer au fur et à mesure une ligue plus puissante, et des équipes qui recrutaient partout dans le monde des talents.

Et Rome ne s'est pas faite en un jour.

Je me souviens encore de mes collections de cartes Panini avec de nombreuses équipes plus improbables les unes que les autres comme Alès, Martigues, Gueugnon ou Louhans-Cuiseaux.

La professionnalisation du sport et notamment du football a renvoyé ces petits villages dans les catégories plus adéquates.

Laissons donc le temps au monde du sport féminin et plus généralement aux initiatives de grandir, commettre leurs erreurs et se structurer autour d'une proposition de valeur et d'un impact qui saura définitivement conquérir les habituels aficionados, mais également une nouvelle tranche de population, d'adeptes et de sportifs.

Peut-être que ces sports auront percé auprès du grand public lorsqu'ils seront couverts de mêmes scandales, de matchs truqués, de dopage et de bagarres dans les stades.

Notre devoir de reconstruire

Le but de ce livre, intitulé *Reconstruire*, est de mettre en lumière les inégalités persistantes entre les hommes et les femmes dans le monde du travail et dans notre société, tout en adoptant une approche à la fois philosophique et comparative. Nous nous engageons à comprendre les causes profondes de ces inégalités, à explorer les avancées historiques qui ont été réalisées, et à identifier les défis et les efforts encore à faire pour atteindre une véritable égalité entre les hommes et les femmes. En somme, vous ne trouverez pas dans ces lignes un plaidoyer flamboyant pour l'égalité entre les sexes ni de prises de paroles outrageusement évocatrices ni enfin l'opprobre jeté à ces féministes de supermarché qui souillent la masculinité à grand coup de vinaigre blanc.

Le XXIe siècle et les dernières années ont pu mettre en lumière le besoin de remettre à plat de nombreuses injustices ou de nombreux dysfonctionnements qui engendrent parfois des frictions, parfois des situations quasi belliqueuses.

Le monde a perçu le bouillonnement des mouvements féministes et inclusifs dès le début du XXe siècle. Les Lumières demeurent un exemple marquant de la libération de la parole et de la spécification de la place de la femme dans la société européenne et américaine dont nous nous inspirons encore quotidiennement.

L'objectif est ici de regarder clairement les dysfonctionnements, de façon empirique, d'en comprendre au mieux les rouages, au travers d'études cliniques, mais également au travers de témoignages qui permettront d'étayer ces constats et de comprendre quels chemins doivent être explorés pour mieux façonner la solution.

Reconstruire, car l'opposition sur les inégalités liées au genre ou à l'accessibilité dans une moindre mesure a tendance à polariser les débats et à présenter les situations de façon trop manichéenne pour être constructive.

Il sera de meilleur temps de s'inspirer des conventions de Seneca Falls (1884) pour créer un nouveau mouvement, paritaire et libertaire, qui ne se battra que pour ce qui est juste, où les genres et les personnes en manque d'accessibilité pourront se battre pour une cause qui est certes valide, mais aussi supportée par un « toit d'acier ».

Approche philosophique

Notre approche philosophique nous pousse à nous interroger sur les fondements mêmes de l'inégalité entre les sexes. Nous questionnons les constructions sociales, les stéréotypes de genre, les normes culturelles et les systèmes de pouvoir qui maintiennent ces inégalités en place. Nous explorerons les concepts d'identité, de liberté, de justice et de droits fondamentaux dans le contexte de l'égalité entre les hommes et les femmes. Pourquoi ? Car les interventions télévisées ou radiophoniques actuelles ne laissent que peu de place au doute ni au compromis. Or nous ne voulons pas de dictature intellectuelle ici.

Si beaucoup d'ouvrages et d'écrits existent, que ce soit dans mon domaine de prédilection, à savoir le transport, comme dans l'ensemble des processus industriels, il apparaissait aujourd'hui utile d'avoir une véritable approche économique, et d'intégrer les points de vue d'acteurs du monde économique, afin de calculer les effets d'impacts de chacune des directives pour lesquelles nous travaillons ? L'assemblage d'une équipe de recherche mixte, entre universitaires, experts et consultants nous permet également de tirer des enseignements plus précis d'actions réalisables et efficaces pour l'ensemble des strates productives du pays. Nous nous sommes bien évidemment inspirés des nombreux travaux, dont par exemple « *Horizon Europe Guidance on Gender Equality Plans, 2021* » ou encore « *Sum4all : Gender Imbalance in Transport Sector, 2023* » afin de guider notre réflexion et d'éviter l'écueil d'être un nouveau rapport tirant les mêmes conclusions.

L'idée d'une telle collaboration a germé lors d'une conférence à Bruxelles en 2022. J'étais invité pour présenter un projet d'Académie inclusive sur lequel nous travaillions à l'époque de Troopy. Le concept était plutôt simple, à savoir de mettre en ligne une plateforme de partage entre employés afin de leur donner accès à des vidéos, des interviews, des articles de journaux au sujet de l'égalité et de l'inclusion. En effet, lors d'un tour de table avec mes employés, je me suis rendu compte que le problème venait principalement de leur méconnaissance du sujet et de la capacité qu'ils avaient à très vite se refermer dans leur monde, sans forcément vouloir faire l'effort de s'alimenter sur ces sujets.

C'est à cette occasion que j'ai pu rencontrer mes premières mentores du féminisme et de l'égalité des genres : une véritable découverte pour moi et un véritable pied à l'étrier pour l'importance de cette cause. Si la rencontre avec Inna a allumé le réverbère, « fais naître l'étoile », la rencontre avec ces expertes, qui ont consacré toute leur carrière à ce juste combat, m'a définitivement fait basculer dans le camp des engagés, parfois des enragés. Ma voix commençait à porter, autant l'utiliser.

Cette voix, je l'utilise dans de nombreuses conférences et panels afin d'étayer mon faisceau de pensée, mais aussi pour chercher la bienheureuse contradiction. Difficile d'imaginer la suite des événements pour moi, qui était venu à Bruxelles en terrain conquis : je connaissais bien la ville, je connaissais bien les organisateurs, c'était comme à la parade. Je devais présenter les premiers résultats de la plateforme mise en place, et ce fut fait devant un parterre de spectatrices bien silencieuses.

La discussion qui a suivi ma présentation était modérée par Heather Allen et tournait autour de la capacité qu'avaient les entreprises à proposer des solutions novatrices aux villes afin d'avancer vers les sujets cruciaux d'inclusion. L'auditoire était composé d'environ 200 spectateurs, dont 98 % de femmes, et j'avais pris l'habitude de parler devant des publics plus larges donc je n'étais pas spécialement intimidé par une telle densité.

Beaucoup de questions étaient destinées aux membres de la Commission européenne ou aux expertes du sujet, je ne me sentais donc pas trop bousculé.

Puis vint une question : « comment pouvez-vous vous tenir ici, face à nous, alors que vous êtes le problème » ?

Cette frontale m'a permis de sortir de ma torpeur, et sous les yeux interloqués de mes collègues d'un jour, j'ai répondu : » comment comptez-vous convaincre le monde que votre action a de l'impact si vous réunissez 200 femmes pour parler d'un problème de genre. Si je suis une partie du problème, je suis certainement aussi une partie de la solution. »

Heather en a profité pour chaleureusement m'applaudir ainsi que la salle qui semblait convaincue de ma réponse. L'histoire retiendra que la personne qui m'a posé la question deviendra une des plaques tournantes de mon travail sur l'égalité et les genres. Comme quoi, il suffisait de briser la glace.

Ce travail sera également l'occasion pour moi de mieux comprendre les préoccupations et les sujets clés à aborder, loin de simplement parler de salaires, de promotions ou de garde alternée : c'est le système tout entier qu'il fallait questionner.

Une fois l'équipe choisie, l'objectif était ainsi de pouvoir faire parler le réseau dans un rapport et dans un ouvrage, fort donc de témoignages clés et précis, mais également de pouvoir proposer une méthodologie pour que les entreprises puissent elles-mêmes évaluer l'ampleur de la tâche à accomplir, parfois simplement parce qu'aucune action n'avait été prise auparavant, parfois simplement parce que le monde de demain ne ressemblera aucunement au monde d'hier et que la force d'anticipation permettra à ces entreprises de demeurer attractives pour les employés, mais préservera également leur voix auprès de leurs partenaires et de leurs clients : ils ont donc tout à gagner à se mettre au diapason d'une évolution qui, même si elle doit être mesurée, se doit d'être nécessaire.

La constitution d'une telle équipe se devait d'être faite avec soin, afin d'éviter les embûches habituelles : si l'équipe était trop académique, le rapport resterait dans un tiroir ou circulerait entre experts du sujet, loin du grand public. Si l'équipe était trop orientée « business », cela ressemblerait alors furieusement à une opération de communication et non à un travail sérieux et méthodologique. Il fallait donc trouver un juste équilibre, ce que l'équipe nouvellement constituée m'a finalement aidé à faire.

Approche comparative avec le monde du travail

Nous nous sommes donc penchés sur le monde du travail en tant que terrain concret où se manifestent les inégalités de genre. Nous avons analysé les écarts de rémunération, les disparités d'accès aux postes de responsabilité, les obstacles rencontrés par les femmes dans leur progression professionnelle, et bien d'autres aspects qui témoignent de l'inégalité systémique dans le milieu professionnel.

Cette approche chiffrée et plus scientifique nous a permis de réaliser des classes d'écarts, et d'établir un fichier de scoring disponible pour ces entreprises, afin de mieux comprendre sur quelles catégories travaillées et l'impact de chaque item dans leur catégorisation globale !

Tout comme les sujets très brûlants de la compensation carbone, s'évaluer sur des sujets d'inégalités n'est jamais chose plaisante, et il est difficile d'entendre que l'on doit nécessairement mieux faire. L'idée d'une étude comparative permet également de montrer où se situent les autres entreprises du secteur, et de secteurs parallèles afin de mieux comprendre les actions à mettre en place, et potentiellement faire union sur certaines thématiques (la sécurité dans les transports par exemple). C'était tout un programme, dense et complet, mais qui a permis, dans notre giron, de proposer des chiffres et des solutions ? C'était un des enjeux.

Enquête sur les avancées historiques

Pour mieux comprendre les enjeux actuels, il est essentiel de replacer l'inégalité entre les hommes et les femmes dans son contexte historique. Comment en sommes-nous arrivés là ? Nous avons exploré les avancées significatives réalisées au fil du temps, depuis les mouvements de suffragettes jusqu'aux luttes contemporaines pour l'égalité des sexes. Cette enquête nous aura permis de prendre conscience des progrès accomplis, tout en soulignant les défis persistants.

Pour mieux se rendre compte des avancées, il suffit aujourd'hui de se promener dans la rue et de lever les yeux pour comprendre à quel point la société a évolué, à quel point l'impact des soulèvements sociaux a affecté la place des femmes dans notre environnement, et certainement pour le mieux. Comme tout amoureux de Paris, j'adore me promener au Jardin des Tuileries, cœur de Paris, et représentant fier de 400 ans d'élégance et d'évolutions sociales. C'est ici, c'est maintenant, que ces changements nous apparaissent.

L'histoire nous a appris que les avancées sociales sont histoires de combat et la saccade quand le progrès technologique s'il n'est pas disruptif (télégraphe, voiture, énergie atomique) s'inscrit le plus souvent dans un processus d'apprentissage et d'optimisation continu.

Il s'agit donc de combats que la société elle-même souhaite prendre en main ou se doit d'affranchir au moment opportun, celui où la pression est trop forte. Il faut donc dissocier les mouvements plutôt politiques dits « tactiques » de ceux purement politiques (esclavage, IVG, peine de mort).

Comme le disait Clausewitz, éminent stratège et un de mes auteurs favoris, « la victoire appartient à celui qui reste debout le dernier quart d'heure » ; comme à la bataille d'Eylau, et les affaires sociétales n'ont donc toujours intéressé les gouvernements que pour leur puissance tactique.

Prenons le mariage pour tous, qui, s'il est évident dans une société contemporaine, aura été un pied à l'étrier politique aussi efficace que clivant, car clivants sont les sujets de société.

Or, derrière ces événements se cachent des voix, fondues dans un silence assourdissant d'une société capitaliste qui broie les espoirs et les rêves d'égalité et de normalité, qui broie les aspirations et les ambitions de ceux que celle-ci aura mis sur la touche. La société, par définition, construit un système imparfaitement excluant.

« L'enfer, c'est de s'apercevoir qu'on n'existe pas et d'y consentir ».

Ces mots forts, prononcés par Simone Weil, s'attachent à nous rappeler que la plupart des sociétés sont fondées sur des rapports de force et une partie de prédation qui explique entre autres le retard pris sur la réelle place des femmes en Europe. Comment expliquerons-nous à nos enfants que la carte bancaire eût été inventée avant que les femmes aient pu elles-mêmes avoir leur propre compte en banque […] En effet, il existait une époque où une femme devait être accompagnée de son mari pour ouvrir un compte et y retirer de l'argent.

Et je ne vous parle pas d'une époque lointaine, où tonnaient les canons de la Grande Armée, mais bel et bien de l'après-guerre, où ma propre grand-mère devait disposer d'un certificat de transport signé par son mari pour voyager seule en train.

Pourtant, la Révolution française et Condorcet avaient déjà suggéré l'accession au droit de vote pour les femmes, qui représentaient une base électorale intéressante et un vecteur de stabilité pour le gouvernement. Il faudra attendre 1944 pour qu'une France bientôt libre leur accorde ce droit pourtant fondamental, et inscrit deux ans plus tard dans la toute jeune constitution : le principe inébranlable d'égalité des sexes.

Depuis, les avancées sont nombreuses, dans de nombreuses catégories, mais restent considérées comme des victoires, là où la normalité devrait s'imposer. La lenteur de l'Histoire nous en dit long sur la capacité de la société à se transformer. Il aura fallu près de 30 ans pour rendre légal l'interruption volontaire de grossesse, soit l'équivalent des 30 glorieuses. Poussée par un nouvel élan démocratique, la société libère ses chaînes et accepte d'être plus souple face à son propre rigorisme. C'est bien ici que la comparaison prend tout son sens, car si la France a pu accélérer sur ces sujets sociétaux majeurs, de nombreux pays sont encore loin de cette prise de conscience, souvent par obscurantisme, mais souvent également par conservatisme. Les réalités françaises ou européennes sont très loin d'être les réalités mondiales, et cette fragmentation s'accentuera encore plus dans des pays n'ayant pas le même socle culturel millénaire, où l'ancrage de la présence de la femme n'est finalement pas aussi présent. Ils sont donc la preuve inique que croissance, richesse et libertés ne sont absolument pas des variables parallèles.

Les défis et les efforts restants

Malgré les avancées, il est indéniable que des défis demeurent. Ce livre ne vise pas seulement à mettre en évidence les problèmes, mais aussi à explorer les solutions et les efforts nécessaires pour atteindre une véritable égalité entre les hommes et les femmes au travail.

Car les défis demeurent nombreux, et surtout dans notre société contemporaine qui vit entre acceptation complète et rejet, déboulonnant les statues et jetant en pâture certains de nos repères.

Comment bien comprendre les enjeux de tout ce qu'il reste à construire ?

Comment et pourquoi quelqu'un comme moi devrait-il s'attacher à cette enquête, ce travail de sape ?
Comme ma collègue italienne le mentionnait, ne fais-je pas moi-même partie intégrante du problème ?

N'ai-je pas bénéficié de ce cadre et de cette société aux fondements patriarcaux pour m'asseoir à la table de mes rêves, là où ce même siège peut sembler inaccessible pour de nombreuses personnes ?

Une façon de mieux comprendre ce syndrome de l'imposteur est de mettre en perspective les immenses défis qu'ils restent à surmonter, mais surtout que chaque mouvement social d'ampleur qui a été couronné de succès l'a souvent été, car des leaders charismatiques se sont emparés du sujet, et qu'ils ont été suppléés par des acteurs de la classe dirigeante qui ont accepté de renier leurs privilèges pour la cause ?

Si aujourd'hui, les différents mouvements consacrés à l'écologie, à l'inclusion et à la justice entre les genres, les peuples et l'environnement connaissent des leaders charismatiques et engagés, il existe encore trop peu de dirigeants et de privilégiés suffisamment courageux pour jeter leurs médailles devant le juge.

Je me suis forgé cette conviction en discutant avec de nombreux leaders, partout en Europe : de la responsable d'une association dans le Morbihan (France) à Sophia Kiani, mon amie Lubomila Jordanova ou la Première ministre lettone, Evika Silina.

L'objectif était de mieux comprendre les défis qu'elles rencontrent au quotidien, et leur acceptation d'une telle démarche, à savoir encourager, mettre en avant, dénoncer pour mieux corriger.

Chacune à sa façon marque son monde, et doit demeurer une source d'inspiration, pour toutes les générations à venir, pour conserver la flamme intacte et pouvoir un jour passer ce flambeau.

Si les défis sont grands, le courage et l'abnégation n'ont pas d'âge, et le parcours de Sophia le montre, elle qui a créé Climate Cardinals lorsqu'elle avait seulement 17 ans. L'idée était simple : pour pouvoir parler d'écologie et de préservation de l'environnement partout dans le monde, il faut que les documents à disposition des peuples soient traduits. Or, 90 % des documents sont anglais, ce qui ne facilite pas leur compréhension en Iran, au Venezuela ou en Chine.

Climate Cardinals rassemble des volontaires qui traduisent la plupart des documents, articles de presse et communiqués dans l'ensemble des langues adéquates afin de donner le même niveau d'information et surtout éviter la désinformation des peuples sur l'état réel de la planète. La première année, l'association comptait 10 volontaires et traduisait environ 1.000 articles. Elle en a depuis traduit 40 millions dans plus de 75 langues.

« On se rend vite compte que tout le monde peut avoir un impact, peu importe l'échelle. L'important, c'est de commencer. » me disait-elle lors de notre rencontre à Paris. Elle a depuis rencontré les leaders du monde entier, le Pape et l'ensemble des universitaires qualifiés sur ce sujet afin d'urger le monde à faire mieux, à faire plus, plus vite. Le monde et le changement sont à portée de main.

Cette histoire nous rappelle chaque jour deux choses.

Premièrement, il n'y a pas de « petite idée » seulement des petites ambitions, et n'importe qui peut commencer avec du courage et de la patience.

Secondement, si le défi est grand, sa résolution paraît encore plus lointaine. On en est encore à devoir traduire la documentation des dangers pour la planète de nos comportements. Comment faire confiance aux États pour résoudre ces problèmes s'ils ne se comprennent même pas ? Faire preuve de résilience dans son projet et attaquer le problème par un bout, peu importe lequel, afin de pouvoir progresser, avancer, susciter des vocations.

« Une seule certitude suffit à celui qui cherche », disait Camus dans le mythe de Sisyphe.

Avançons, face à la montagne, et tous les défis qu'il nous reste à relever. Faisons confiance aux nouvelles générations et à la fraîcheur qu'elles peuvent apporter. Peu bougeront, tous observeront.

La voie vers une société plus égalitaire

Pourquoi faire tout cela ? Pourquoi travailler en groupe, poser autant de questions ? Notre objectif final est de contribuer à la construction d'une société plus égalitaire, où les femmes et les hommes jouissent des mêmes droits, des mêmes opportunités et des mêmes chances de réussite professionnelle. Nous aspirons à promouvoir une culture d'inclusion, de diversité et de respect mutuel sur le lieu de travail, tout en encourageant les politiques et les pratiques qui favorisent l'égalité des sexes.

Je citais Condorcet précédemment, qui, en philosophe et savant avisé, au fait des bouleversements de son siècle, disait de la société « qu'il ne peut y avoir de vraie liberté ni de justice si l'égalité n'est pas réelle ».

Prenons deux minutes pour bien comprendre le contexte de la vie de Condorcet, dans un siècle des Lumières aussi magnifique socialement que tragique, notamment au regard de *La Terreur* qui aura raison de Condorcet, éminent mathématicien, philosophe et humaniste, mort dans une geôle de Bourg-en-Bresse en 1794.

S'ériger en défenseur des droits de l'Homme, se battre pour des idéaux de justice et d'élévation, voilà le contexte qui de nos jours semble bien lointain. Mais sommes-nous encore si loin de cette époque ? Avons-nous fait des progrès ?

Cet homme, à la vision optimiste du genre humain à œuvrer pour plus d'égalité entre les races, les peuples, une meilleure inclusion des femmes dans la société, un accès à l'éducation pour tous. C'est cela que l'on appelle « porter les Lumières », penser au bien-être de la société et de la partition que nous avons tous à jouer.

Comment expliquer que 230 ans plus tard, les sujets aient relativement peu avancé, qu'en période de crise et de dangers, ce soient toujours les mêmes que l'on précarise ?

Si la société actuelle, moderne, est emplie de défis à la hauteur de ses ambitions, comme celle de devenir une espèce multi planétaire, elle se doit d'abord de mettre en place des schémas permettant au plus grand nombre de croire en cet avenir.

Et dans les heures sombres de l'histoire, de ne pas oublier d'où l'on vient et pourquoi nous avons évolué, vers une société plus égalitaire, à savoir une société, où peu importe votre extraction sociale, religieuse ou votre genre, vous avez les mêmes chances.

Si les modèles égalitaristes semblent fleurir partout dans le monde (Europe, Afrique, Amérique du Sud), des efforts incommensurables restent à fournir afin d'opérer une bascule vers un monde construit par et pour les minorités. La question du multi-planétarisme, elle, posera nécessairement la question de la place de l'égalité, quand l'ensemble du système est pensé par des hommes. En effet, si nous pensons un jour le voyage dans l'espace comme un but, une des hypothèses évoquées par Neil DeGrasse Tyson, éminent physicien est celle de la reproduction de génération au sein même du voyage interstellaire : naître, vivre et faire naître la génération d'après pour clore un voyage interstellaire de mille ans. À la fois une utopie, mais également un schéma clair du besoin de régulation et d'intégration de la femme dans le processus de réflexion : « elle ne peut être ici réduite à son seul rôle reproducteur, qui d'ailleurs saurait être un jour mécanisé. Ce jour-là, nous aurons fait un grand pas vers l'égalité ».

Nous ne pouvons que constater que les sociétés qui intègrent la parentalité et la maternité comme des atouts et non des contraintes sont parmi les pays les plus performants selon le *Global Gender Gap Report* de 2023 publié par le World Economic Forum. Un exemple à suivre donc pour de nombreux pays comme notre chère mère patrie.

En conclusion

Ce premier chapitre a posé les bases de notre exploration de l'égalité entre les hommes et les femmes au travail. Nous avons souligné l'importance de ces inégalités, exposé les objectifs de ce livre et présenté notre approche combinant la réflexion philosophique et l'analyse comparative avec le monde du travail. Être sûr de mener les bons combats nécessite une foi inébranlable en soi et une capacité à ne jamais vaciller.

Si la vie n'est pas un long fleuve tranquille, mais des rapides à dompter, les miennes ont commencé un soir d'été, dans un espace chatoyant et chamarré, au détour de discussions avec des femmes qui avaient vécu et survécu. Comprendre pourquoi la société s'est construite ainsi, comprendre les inégalités là où elles sont et ce qui existe déjà, c'est éduquer, c'est mettre des mots sur des maux, et c'est sortir de l'obscurantisme de la politique politicienne, mais bel et bien chercher des solutions, pour cette fille venue d'Ukraine, d'Iran, de Porto Rico, de Bulgarie, qui ont déjà tant fait.

D'HATCHEPSOUT
AU MOUVEMENT WOKE

Pour comprendre pleinement les enjeux actuels de l'égalité entre les hommes et les femmes au travail, il est essentiel de replacer cette problématique dans son contexte historique. Explorons les principales étapes et les principaux mouvements sociaux qui ont marqué l'histoire de la lutte pour l'égalité des sexes. Examinons également l'émergence du mouvement « *woke* » et son impact sur la prise de conscience des inégalités et des injustices dans notre société. Pour mieux comprendre ce qui arrive aujourd'hui et pourquoi cette situation peut légitimement s'apparenter à une poudrière, il faut parfois remonter aux origines du monde. Les pharaons étaient-ils woke sans le savoir ? Comment auraient réagi les prophètes s'ils avaient vécu à notre siècle ?

Les premières luttes pour l'égalité

Les fondements de la lutte pour l'égalité entre les hommes et les femmes remontent il y a de cela plusieurs siècles. Des femmes pionnières ont commencé à remettre en question les rôles traditionnels et à revendiquer des droits égaux, notamment dans les domaines politiques, économiques et sociaux.

Cette remise en cause, c'est avant tout celle d'un système qui a su perdurer au fil des siècles et des héritages, cloisonnant la femme selon les époques à des rôles de domestiques, parce que c'était comme cela, parce que la société le voulait, parce que l'église le voulait.

La recherche que nous faisons auprès des nombreuses civilisations ayant jalonné la Terre montre que la construction sociétale demeure relativement similaire selon les époques et les régions du globe. De la civilisation sumérienne aux anasazis, la place de la femme était parfaitement claire et réfléchie et ressemblait évidemment à la place que l'on attribuait également en Europe dans le Moyen-âge. La curiosité des échanges sociaux et culturels entre les différentes civilisations vient aussi de la question de la place de la femme.

En réalité, il n'existe pas ou peu de civilisation purement gouvernées par des femmes, l'exemple le plus proche serait une société dite matrilinéaire où l'héritage se fait au profit des femmes qui occupent une place de choix dans la société et donc dans la prise de décision, comme certaines tribus en Indonésie.

Un constat que nous faisons à l'échelle du temps. L'ordonnancement des différentes civilisations rapporte des situations similaires et des statuts similaires, qu'il s'agisse de possession (terres, héritage), du religieux ou encore de la place politique de la femme. Si les femmes ont de tout temps pu occuper une place dans les décisions politiques des différentes civilisations (sumériennes, akkadiennes, égyptiennes, grecques), le pouvoir était souvent une affaire d'hommes, principalement car le pouvoir était directement corrélé à la guerre et aux affaires d'expansions, et l'on jugeait les femmes moins guerrières et plus diplomates. C'était plus simple de nourrir et muscler des soldats hommes dans les guerres claniques de ces temps.

Les valeurs reconnues dans ces sociétés étaient nécessairement plus guerrières et rendaient difficile une quelconque mise en avant de femmes puissantes. L'Égypte a su prouver le contraire avec deux noms restés célèbres : Cléopâtre et Hatchepsout.

Cléopâtre fut la première des Lagides à parler l'égyptien, à faire traduire de nombreuses stèles écrites en hiéroglyphes en grec et à renforcer la position privilégiée de l'Égypte comme grenier à blé de la Méditerranée, faisant de ce dernier le pays le plus puissant du monde. Si Cléopâtre est restée dans les livres d'histoire pour son nez, son héritage est immense et la descendance des Lagides est la seule des diadoques d'Alexandre Le Grand à avoir survécu à l'usure du temps. Les écrits de l'époque ne font mention de misogynie que de la part de ses opposants politiques, qui lui reprochent plus facilement son sang mêlé (sa mère serait nubienne) que sa féminité. Cléopâtre était la pharaonne la plus célèbre, admirée pour ses qualités intellectuelles et redoutée pour son fin sens politique, elle s'était faite fort de suivre les préceptes de son premier amant, Jules César : « l'expérience, voilà le maître en toutes choses ».

L'expérience, c'est également ce qui caractérisera Hatchepsout, une des pharaonnes les plus célèbres et notoires de l'histoire égyptienne. Une autre femme qui aura su se dresser contre son destin de « simple régente », et prouver sa valeur auprès de son peuple, en renforçant le pouvoir du pays, en élargissant ses routes commerciales et en construisant des bâtiments aujourd'hui restés célèbres comme le temple de Deir-el Bahari.

Il est à noter que durant les périodes de régences, pas ou peu d'actions ont été mises en place pour renforcer la place de la femme dans ces sociétés principalement patriarcales, à la fois pour des raisons politiques : en gouvernant, il s'agissait d'envoyer un signal fort au peuple, et à ses préoccupations. Le système ne changerait donc pas, peu importe qui était à sa tête. On préférait avoir à manger d'abord avant de s'inquiéter quelle était la main qui nous nourrissait.

Cela n'ôte absolument rien au caractère nécessaire des souveraines, reines ou princesses qui ont ensuite parsemé l'histoire, des plus illustres comme Marie-Antoinette aux moins connues, mais non moins prédominantes comme Mara Brankovic.

Mara Brankovic était la mère du jeune sultan Mehmet II et la femme de Mourad II, qui s'il fut un sultan visionnaire et apprécié de l'Empire ottoman, qui s'inscrivait dans la longue lignée des défenseurs de l'Islam qui n'avaient pas réussi à conquérir Constantinople, dernière relique de l'Empire romain.

Mara Brankovic était une noble, serbe d'origine, extrêmement intelligente et fine tacticienne, qui par sa diplomatie et son sens stratégique aura permis à Mehmet II de conquérir Constantinople et surtout de s'assurer la puissance et la stabilité dans la région, autour de fiefs alliés à l'Empire ottoman. L'enjeu pour son fils était, certes, de conquérir Byzance et mettre fin au décadent empire des Paléologues, mais c'était surtout d'étendre encore plus l'emprise de son empire sur des régions attenantes et plus sensibles à son discours : il existe de nombreuses tribus converties à l'islam en Europe et l'empire était gage de stabilité pour certains pays, et la présence d'une héritière serbe, descendante d'Etienne Douchan était un vrai gage de stabilité.

La venue de souveraines ou de dignitaires à la table des négociations apporte un nouvel éclairage postmédiéval sur la structuration de la société, et notamment de sa noblesse émergente. C'est d'ailleurs à cette époque qu'on verra émerger trois reines qui marqueront l'histoire médiévale : S.A.R Elisabeth Ière d'Angleterre, patronne de la Renaissance anglaise, S.A.R Isabelle Ière, instigatrice de l'épopée colombienne et S.A.R Catherine de Médicis, mécène culturelle et figure de proue des polarités religieuses qui ont émaillé le XVIe siècle. Imaginez la puissance et le poids historique que portent ces trois figures. La grande ruée vers les nouvelles terres est née des rivalités entre François Ier et Charles Quint, entre les Portugais et les Espagnols, jaloux des villes italiennes, outrageusement puissantes, et de la vision de régents obsédés par la conquête. Sans Isabelle, le catholicisme n'aurait pas connu une telle expansion, rassemblant aujourd'hui près de 450 millions de fidèles en Amérique du Sud, la religion étant souvent associée au pouvoir d'une souveraine. Ce fut le cas également pour Catherine de Médicis, dont le nom est forcément associé à la guerre (et la paix) face aux protestants. Son nom est également associé à la grande révolution culinaire française.

Cette « nouvelle vague » inspirera la noblesse et les cours d'Europe a une prise de conscience et l'émergence d'une pensée plus commune et plus forte, qui servira la noblesse dans un premier temps, puis la bourgeoisie plus tard, sans jamais atteindre les strates du prolétariat, puisque comme le disait George Orwell : « la pensée est un particularisme de classe ».

Les vagues du féminisme

Ce particularisme de classe s'étiolera le long de la flèche du temps, pour s'évanouir dans la torpeur des nuits chaudes d'été du XVIIIe siècle, siècle, magnifique de modernités, dans son art de faire la guerre, dans ses découvertes, qu'elles fussent scientifiques ou géographiques, ce siècle marquera le point de bascule d'un monde qui ne sera certainement plus jamais le même.

Le féminisme moderne s'est donc découvert une destinée dans les promesses de ce que l'on appellerait « nouvelles démocraties », les femmes participant massivement au soulèvement de classe que représentera la Révolution française. L'ampleur que celle-ci prendra, c'est certainement grâce au concours d'un prolétariat revanchard.

La première vague, au XIXe et au début du XXe siècle, était centrée sur les droits politiques, notamment le droit de vote. La deuxième vague, dans les années 1960 et 1970, a élargi le débat pour inclure des questions de droits reproductifs, d'égalité économique et de lutte contre la discrimination. La troisième vague, à partir des années 1990, a mis l'accent sur l'intersectionnalité et la reconnaissance des expériences des femmes issues de diverses communautés.

C'est donc dans ce cheminement long et tortueux, de ce qu'aujourd'hui nous pourrions appeler une quête, que se situent les besoins d'existence et d'émergence des femmes.

De la difficulté de faire du combat de certaines le besoin d'une majorité. Ou est-ce le combat d'une majorité qui préfère s'ignorer ? Si les avancées sont indéniables pour les femmes (droit de vote, de représentation, divorce, procréation assistée, avortement), l'écart reste encore abyssal, et ce malgré les siècles défilant, montrant qu'au-delà d'une société qui n'est pas pressée d'être dans le progrès, la moitié de la population n'a pas encore bien saisi son destin, que celui-ci les intéresse ou non.

La dimension internationale

C'est par cette séquence que nous comprenons bien mieux pourquoi des mouvements d'ampleur peinent à trouver attache, alors qu'encore une fois, nous parlons de 50 % de la population mondiale.

Selon la banque mondiale (Rapport : Les Femmes, l'entreprise, le droit, 2022), près de 178 économies mettent encore des barrières volontaires à l'entrée ou tout au long de la vie professionnelle des femmes. Rassurez-vous : la France en fait partie. Imaginez-vous que 95 pays ne garantissent pas un salaire équivalent pour le même travail, ce que nous appellerions de la discrimination à l'emploi en Europe !

Imaginez que les discriminations salariales (écarts, primes, embauches) mises bout à bout tout au long de la vie professionnelle « coûtent » deux fois le PIB mondial (environ 172 000 mds $).

Aussi, se posent donc 2 questions fondamentales ?

- Pourquoi ne faisons-nous rien pour résoudre cela ?
- Pourquoi la lame de fond du féminisme ne prend pas ?

La lutte pour l'égalité entre les hommes et les femmes s'est développée à l'échelle internationale. Des conférences mondiales et des organisations telles que l'ONU a joué un rôle important dans la promotion des droits des femmes et la mise en place de politiques d'égalité. Des conventions et des traités internationaux ont été adoptés pour garantir la protection des droits des femmes, notamment la Convention sur l'élimination de toutes les formes de discrimination à l'égard des femmes (CEDAW).

Cependant, ces avancées existent en trompe-l'œil du vrai problème : voulons-nous vraiment remettre en cause les privilèges qu'octroient ces inégalités à l'échelle de la société ?

Chaque changement sociétal, fût-il adossé à une prise de conscience morale, a toujours pris du temps et suscité un déchaînement de passions. La construction des réflexions est faite sur un héritage culturel (le passé glorieux de la France), religieux (une tradition profondément judéo-chrétienne), sociétal (selon le revenu et le niveau d'éducation) et territorial (citadin ou paysan). Ce sont ces constructions qui ont le don de polariser les discussions comme nous l'avons observé avec l'abolition de la peine de mort, en 1981, en France.

L'abolition de la peine de mort fait suite à de nombreuses années de débats et moratoires, suppléés notamment par le célèbre avocat Robert Badinter qui a porté de tout son poids le besoin de moralisation de la répression de la criminalité.

Si cette décision fit à l'époque un consensus dans l'hémicycle politique, fit-elle vraiment consensus au sein de la population ?

La dernière étude réalisée par l'institut de sondage IPSOS (2021) montre que 55 % des interrogés souhaitent un rétablissement de la peine de mort. Si ce chiffre choque, c'est notamment parce qu'il met en lumière le recul des libertés observé au sein de la société, le désamour de la politique locale et le sentiment accentué de crise. Ou peut-être que tout cela était déjà présent ?

Deux causes racines sont donc mises en avant, et viennent expliquer l'émergence lente de mouvements partout dans le monde.

Les avancées sociales se font principalement dans les hauts ou les creux de l'histoire sociale, les périodes stables sont peu propices aux mutations sociales

Plus la balance politique penche vers les extrêmes, plus les ressentiments extrêmes s'exacerbent. Cela s'explique tout d'abord par un sentiment de réclusion et d'ostracisation de l'autre. Il s'explique également par l'orientation naturelle des sondages eux-mêmes. En 1938, après les accords de Munich, 73 % des « tout premiers sondés » considéraient qu'une nouvelle guerre mondiale signerait la fin de l'espèce humaine. À l'aube d'une guerre qui sera un cataclysme politique et humanitaire pour l'Homme, les populations demeurent lucides sur le sort de leur propre espèce et la nécessité de résoudre les problèmes par la diplomatie. Le choix des armes sera donc une destinée imposée, et les conséquences dramatiques.

En miroir de la balance politique se positionne la déconstruction de l'information, ou le choix noble d'un camp dans un monde polarisé.

En 1945, 53 % des Français interrogés considéraient que c'est l'URSS qui avait aidé à vaincre l'Allemagne contre seulement 20 % pour les USA.

En 2015, les chiffres sont inversement proportionnels, et cela grâce à une lente campagne de dépolitisation du débat, de désinformation et d'occidentalisation de la culture. Savez-vous que si l'Allemagne nazie a pu être vaincue en Europe, c'est essentiellement grâce à la résilience des Russes et leur capacité à stopper l'avancée de la Wehrmacht, ainsi bien sûr qu'aux autres belligérants alliés. L'arrivée dans la guerre des USA ne se faisant qu'à Pearl Harbor, l'issue de la guerre en Europe ne faisait déjà que peu de doutes.

Dépolitiser et désinformer, c'est donc un mouvement de longue haleine, qui doit émerger du noir, se construire patiemment, s'appuyer sur des réseaux et des têtes de proue, mais également convaincre les foules. Ces lenteurs, cette disparité entre pays, le renversement d'opinions font du mouvement féministe un mouvement difficile à faire émerger. Il est plus facile de se battre contre un concept qui touche tout le monde, qui porte en lui des valeurs belliqueuses comme aurait pu l'être le nazisme par exemple que de bien comprendre ce qu'est le féminisme, qui porte en lui des valeurs et des concepts différents, qui est une forme d'opposition systématique peu appréciée des dirigeants. Les courants forts naissent parce que les hommes le veulent bien et car cela suffit à convaincre leurs semblables.

C'est toujours la même histoire à la fin. L'histoire d'une petite fille dans un très grand pays, rocailleux, chaud, gouverné par des tribus, des chefs aux dents longues.
C'est l'histoire d'un pays fragmenté par des siècles d'occupation, de compromission avec l'envahisseur, quelle que fût sa couleur politique, ses idéologies.
C'est l'histoire d'un personnage secondaire dans un plus grand roman, dans lequel son pays ne serait qu'un paillasson sur lequel on s'essuierait, une fois ses ressources pillées.
Toujours le même schéma : une petite fille aux cheveux bruns, qui doit fuir son pays et trouver refuge dans un pays différent, dans une langue qu'elle ne parle pas, dans le vent et le frimas.

Mais c'est aussi la lumière.

D'une fille qui va travailler dur, apprendre l'anglais, faire un cursus exemplaire, lancer une entreprise d'insertion des immigrés, des déplacés de guerre, une main-d'œuvre souvent qualifiée, une main-d'œuvre reconnaissante et efficace.
D'une fille qui va construire une histoire nouvelle et être reconnue par son pays pour cela.
Cette fille, c'est mon amie Mursal, venue d'Afghanistan vingt ans plus tôt en Angleterre, qui a voulu renverser la table, pendant

que son pays sombrait, à nouveau, dans la noirceur de l'extrémisme religieux, entraînant une précarisation des femmes et une exclusion de la société civile. Elle a lancé une startup, sous forme de plateforme, qui permet aux individus de suivre des cours de langue en ligne, mais également de prendre des cours particuliers avec des professeurs un peu différents : ces professeurs sont en réalité d'anciens médecins, cadres ou artisans, réfugiés et qui utilisent cette plateforme pour se réinsérer, mais également pour transmettre leur savoir à des étudiants ou des professionnels qui souhaitent améliorer leurs compétences en langue. Ce projet, outre sa forme sociale, est également un projet technologique puissant permettant d'améliorer l'efficacité du référencement des professeurs et des élèves, et pour finir de mieux payer les professeurs. Ces personnes ont des parcours remarquables, des histoires de vie qui, si elles brillent par leur singularité, s'avèrent tristement communes.

C'est donc un combat de tous les jours, contre l'ignorance et la violence, pas contre les hommes, mené par des femmes comme Mursal, pour qu'un jour tout cela puisse changer.

L'émergence et les revendications du mouvement « woke »

Au cours des dernières décennies, le mouvement « woke » est apparu, principalement dans les espaces en ligne et les réseaux sociaux. Ce mouvement est caractérisé par une prise de conscience accrue des inégalités et des injustices systémiques qui touchent différentes communautés marginalisées. Il s'agit d'une remise en question radicale des normes sociales et des structures de pouvoir qui perpétuent l'oppression et la discrimination.

La violence et la vélocité avec laquelle ce mouvement a émergé sont encore une fois un symbole de la polarisation des mondes que subit notre Terre bien-aimée, au bord de la rupture, loin d'être en recherche d'égalité et de justice sociale : elle est désormais en recherche de solutions.

Cette culture qui a émergé de façon spectaculaire notamment par les canaux universitaires et les réseaux sociaux s'impose à contre-courant de pensées jugées plus traditionalistes, sans pour autant convaincre ou informer l'ensemble de la population, puisque peu de gens en France ou en Europe déclarent avoir connaissance des revendications du mouvement woke.

Le mouvement « *woke* » a mis en lumière de nombreuses problématiques liées à l'égalité entre les hommes et les femmes au travail. Il souligne l'intersectionnalité des oppressions et insiste sur le fait que les femmes ne font pas face qu'à une seule forme d'oppression, mais à une multiplicité de discriminations en raison de leur genre, de leur race, de leur classe sociale et d'autres facteurs. Le mouvement « *woke* » met l'accent sur la nécessité de lutter contre le sexisme, le racisme, le capitalisme, et autres systèmes oppressifs de manière interconnectée.

Une des premières difficultés est la compréhension même du mouvement de réveil de la société (ou « *woke* » en anglais), et sa définition rend parfois peu clair son message, bien que les revendications soient légitimes.
Arrêtons-nous quelques instants sur un concept extrêmement intéressant dans le cadre de la compréhension du mouvement woke et des injustices systémiques, notamment dans les pays riches.
Le concept « d'intersectionnalité » a été développé par la juriste afro-américaine Kimberlé Crenshaw dans les années 80 et explique, de façon matricielle que les inégalités finalement s'accumulent (par race, par sexe, par revenu), et que les chances de succès sont donc biaisées, mais compréhensibles.
Cette approche corrobore les constats réalisés dans le cadre de l'étude Nord/Sud sur l'état des lieux des inégalités, entre les différentes « *classes* ».
Le mouvement semble apporter des éléments de réponses aux deux questions de fond que nous nous sommes posées précédemment.

La première étant de savoir pourquoi les sujets n'avancent pas ?

Si le principe d'intersectionnalité est définitivement prouvé : une femme noire, issue des quartiers populaires a 70 % de chance de moins d'accéder à une haute fonction qu'une femme blanche d'une classe privilégiée, ces principes recoupent en somme toute ou partie des inégalités qui font le monde et qu'il n'existe aucune façon simple de les traiter.

Si tous les sujets sont importants, et concernent en général des tranches massives de la population, ces tranches ne sont ni uniformes ni unipensantes, ce qui rend la résolution des problématiques complexes.

Un des sujets très présents ces dernières années concerne la colonisation et l'esclavage. Mais, qu'est-ce que l'esclavage ? Une forme millénaire d'exploitation et de spoliation de peuples par d'autres, dans un rapport de force brutal, souvent motivée par l'argent, les terres ou la religion.

Mais de là à faire de l'esclavagisme un système purement manichéen, c'est oublier que des esclaves afro-américains se sont battus avec les confédérés, pour la préservation de certains acquis sociaux, par volonté statutaire ou par croyance. On ne peut évidemment prétendre résoudre la question épineuse de l'esclavage en quelques phrases, mais il semble certain que la question ne saurait être manichéenne : certains esclavagistes étaient des humanistes avant l'heure, et certains esclaves considéraient leur condition comme une façon de grimper l'échelle sociale. Bien que ce soit loin de la grande majorité, ce sont des points à considérer avant de l'esclavage le sujet du siècle.

La question étant complexe sur chacun des sujets, quand bien même ces sujets apportent un même résultat, ne peut être combattue par une panacée philosophique.

« Quand les feuilles tremblent, ce n'est pas l'affaire des racines » disait l'écrivain nigérian Wole Soyinka, éternel pessimiste quant à l'absolution de l'âme humaine.

Ceci vient donc expliquer en partie la réponse à notre deuxième question, à savoir pourquoi un sujet qui compte pour la moitié de la population ne connaît pas cet effet de lame de fond : de profondes contraintes architecturales de la société font que certaines femmes ne se retrouvent pas dans ce mouvement, que certains hommes non plus, que le cadre sociétal, religieux ou économique empêche tout simplement l'émergence de ce type de mouvement.

Le wokisme ne serait-il finalement pas une préoccupation de « riches », voire pire qu'un « opium du peuple » ?

Les débats et les critiques autour du mouvement « woke »

Ce mouvement n'échappe donc pas aux critiques et aux remises en question, à la fois sur le bien-fondé du mouvement, son impact et ses méthodes.

Certains critiques affirment également que le mouvement « *woke* » favorise la culture de l'annulation (*cancel de culture*) et limite la liberté d'expression. En effet, si l'intersectionnalité est une évidence, « annuler » certains schémas, certaines représentations facilitent l'avancée sociale du mouvement à court terme, mais représentent une régression sur le long terme : c'est le déboulonnage des statues, au propre comme au figuré.

C'est donc une des nombreuses sources de débats, à savoir, la remise en cause de tout le système qui a produit ces inégalités.

Or, comme nous l'avons vu avec Crenshaw, et les travaux de Nancy Fraser, l'oppression est avant tout économique, et trouve son origine dans l'opportunisme économique des peuples à en exploiter d'autres, d'abord à des fins traditionalistes (empires, dynasties) puis économiques (Triangle d'or). Le bienfondé de l'action sociale et sociétale étant là, pourquoi le mouvement « *woke* » est-il si décrié, au risque parfois de handicaper la représentation de ce mouvement, étant donné sa virulence ou les prises de position extrêmes.

Aux origines de ce mouvement se trouve bien évidemment un rejet des violences visibles (physiques, économiques, religieuses), mais surtout un rejet des violences lancinantes et dissimulées que la société a elle-même construites et laissé agir, par ignorance ou permissivité (morale, sexuelle, genre).

Il va de soi qu'une libération de la parole, une levée des tabous, une remise en question de ce qui est juste et justifiable, du grand public jusque dans l'intimité de la famille, c'est un souffle nouveau qui vient balayer des archaïsmes coupables, que nous ne saurions excuser devant les générations à venir, qui si elles vivent sur les acquis de cette période, s'acquitteront bien évidemment d'autres défis.

L'arsenal utilisé par les adeptes du cancel culture, promulguée par le *wokisme*, ressemble trait pour trait à des tactiques de guérilla, qui s'ils ont un avantage tactique fort et immédiat (Affaire Weinstein), ne sauront se retrouver dans la durée, puisqu'il s'agit bien de changer la société elle-même.

Lao Tseu disait « le but n'est pas le but, mais c'est également le chemin ».

Cette vérité s'applique d'autant plus d'un mouvement qui s'il veut changer la société devra se politiser, apprendre l'art du compromis, et doucement délaisser les tactiques de guérilla (dénonciation publique, pression sociale, boycott, polémiques) pour proposer une véritable alternative, sans travestir l'ambition ou le projet en se fondant au sein de projets politiques qui n'ont pas cette candeur dans leur chair. On peut penser à l'ampleur et la vitesse des actions #MeToo, qui si elles ont permis de condamner l'impunité, ont aussi fait des victimes collatérales, des gens parfois innocents.

Ce passage à l'échelle est extrêmement compliqué à réaliser, car s'il puise sa force et sa vigueur, sa « *capacité à avoir de l'impact* » dans la frustration et les frictions de la société, ce fioul demeure un carburant de très court terme, une cheminée de gaz à laquelle on vient mettre le feu.

Nous avons pu le constater avec la forte contestation sociale des *Gilets jaunes* en France en 2018, dont les revendications, au-delà d'être légitimes (sur le prix des carburants) offrait un fabuleux miroir d'une société à trois vitesses où l'oppression est d'abord une oppression de classe, une oppression des élites envers la classe travailleuse : les hausses de carburant n'ont fait que refléter un sentiment lancinant que les élites s'enrichissent, favorisent le népotisme et sont dans une dénégation complète de l'existence même de la campagne et de ses forces ouvrières.

Le mouvement prit ainsi rapidement de l'ampleur, à la mesure que la contestation trouvait son public sur les ronds-points du pays, symbole du passage nécessaire de tous les Français : ils devraient avoir à écouter les revendications.

Mais lorsqu'il s'agit de passer à l'échelle, d'entrer dans une forme plus large de représentation politique, il faut d'autres armes, d'autres codes aux contestataires. Le mouvement avait permis de grandes réunions citoyennes, qui ont rassemblé, il se trouvait cependant dépourvu lorsqu'il s'agit de se fondre dans le paysage politique. Comment faire de cette excroissance une voix politique ? En faire un parti ? Peut-être, mais comment on le finance, comment trouver des relais en Province, sur quel socle s'appuyer ?

Se fondre dans un parti existant ? Et accepter les petites compromissions, symboles de la France Républicaine ?

Ainsi, le serpent mangea ses propres œufs : les différentes personnalités (Maxime Nicolle, Ingrid Levavasseur) qui ont su émerger ont finalement été broyées par un système dont l'assise et les centaines d'années d'expérience ont surpassé la force de seuls individus.

En rétrospective, que retenons-nous de ce mouvement social ? Les marchés financiers nous en tiennent encore rigueur, estimant que l'absence de paix sociale ne favorise pas la consommation de masse, l'épargne et le bien-être des ménages. Les français, qu'en retiennent-ils ? Que les avancées sociales n'aient pas été majeures, et qu'au contraire, une période de confinement a fait reculer certains de leurs acquis. Qu'ils sont toujours le fusible qui saute lorsque les prix de l'énergie flambent (taxe carbone, guerre en Ukraine) et qu'au final, la société fonctionne mieux d'un État fort.

Que retenir donc de cette crise, qui, si elle n'a aucun lien direct avec le mouvement woke et plus particulièrement la montée du féminisme, montre que la tactique doit promptement laisser place à une stratégie plus élaborée, ancrée dans la société, ancrée dans les textes fondateurs du gouvernement, afin d'assurer qu'à minima le mouvement puisse survivre dans le temps, et surtout éviter que son illisibilité ne lui cause du tort.

« *Changez vos tactiques et vos stratégies, mais jamais vos principes* » écrivait l'américain John Kessel, pour bien montrer à quel point l'ancrage des valeurs se doit d'être fort, la conviction indéboulonnable et que la durée demeure le seul objectif.

Les avancées législatives et les politiques d'égalité

L'émergence d'une classe de pensée féministe, d'actrices engagées, de mouvement militants récurrents, dont le mouvement woke, qui s'il brasse large, donne de l'inertie à la cause sont autant de marqueurs forts d'une époque qui s'apprête, peut-être, à vivre un basculement historique.

Les lois sur l'égalité salariale, la lutte contre le harcèlement sexuel, les mesures de conciliation travail-vie privée et les quotas de représentation sont autant de mesures qui visent à corriger les inégalités systémiques et à promouvoir une plus grande égalité des chances entre les genres.

Lors de la publication de notre rapport sur les inégalités de genre au travail, notamment dans les transports, nous nous sommes à la fois appuyés sur un quorum d'experts et d'expertes compétentes, mais également de représentantes politiques et de la sphère privée, faisant office d'exemples à suivre. Des exemples, nous en comptons davantage, tout autour de nous, parmi nos semblables, mais aussi au sein de la classe politique.

Œuvrer au sein de ces sphères m'aura permis d'en rencontrer un nombre conséquent, et de pouvoir discuter, débattre avec nombre d'entre elles, et surtout de prendre exemple sur de nombreux sujets qui font avancer la société. Cette démarche ne naît pas seule, et elle ne s'accompagne pas seule. Si vous souhaitez les choses : vous n'êtes jamais seules.

J'ai été particulièrement attiré par les propos, la conviction et l'intelligence de Madame la Première Ministre de Lettonie, Evika Silina, qui avait eu la gentillesse de m'accorder une brève interview lors de la parution de notre rapport. Avocate de formation, elle rejoint le gouvernement letton en 2012 afin d'être conseillère auprès du ministre de l'Intérieur, avant de gravir les échelons, pour accéder au poste de Première ministre en 2023. Elle occupait le poste de *Welfare Ministry* lors de notre rencontre, et le sujet de l'égalité était au cœur des préoccupations de son ministère, mais également de ce petit pays de moins de 2 millions d'habitants, qui a fait du bien-être de son peuple, de l'intégration des femmes dans un modèle postsoviétique une priorité. Et effectivement, la Lettonie est la 13e nation mondiale en termes de *gender gap* avec un score de 0.8, quand la France est péniblement 40e. Ses propos durs, mais justes sur la condition politique en Europe, sur les défis auxquels font face les pays de l'Union européenne et la place que tiennent les femmes : autant de défis qu'elle tente de relever au quotidien, en donnant sans cesse l'exemple, pour que de plus en plus de femmes lettones puissent elles aussi s'engager.

Reconstruire, travailler sur les avancées, c'est également s'inspirer de personnalités comme elle. De nombreux progrès ont été réalisés, en collaboration avec les Nations Unies, pour ce petit pays, sorti du bloc russe en 1991, ce qui lui vaut d'être un des pays les plus égalitaires de toute l'UE L'inscription de l'égalité de genre, et de l'interdiction de discrimination dans la Constitution lettone était un premier pas, même si la mise en application, au niveau de l'employabilité et du salariat ont dû être résolues au travers d'agences nationales. La création de zones de sécurité pour les femmes en danger demeure également une priorité. Pour se faire, l'état a mis en place un centre de crise, qui s'appelle « *Skalbes* » et qui est une hotline et un centre de support pour les enfants et les femmes victimes de violences, d'abus ou autres. Une initiative de sécurisation des personnes les plus fragiles qui a drastiquement fait baisser le nombre de signalements en dix ans.

Une société qui s'est forgée sur des héritages historiques (empires, duchés) sur un socle religieux fort et un système collectiviste a su se mouvoir dans un siècle où les défis seront nombreux et surtout différents de la simple croissance économique. Préserver la nature qui leur est si chère, préserver l'avenir de leurs enfants et préserver la montée en puissance d'une classe de femmes plus décomplexée que dans certains pays d'Europe de l'Ouest.

Un exemple à suivre, en matière d'avancées législatives, mais surtout dans sa capacité à repenser les fondements de la société.

Malgré les progrès réalisés, de nombreuses embûches se dressent de façon persistante dans la réalisation de l'égalité entre les hommes et les femmes au travail. Les écarts de rémunération, les obstacles à la progression professionnelle, la persistance des stéréotypes de genre et la conciliation des responsabilités familiales et professionnelles sont autant de défis qui doivent encore être relevés.

Le très bon rapport du *World Economic Forum* nous permet à la fois d'avoir une compréhension très large de ce qui va mieux, mais surtout de ce qui ne va toujours pas. S'il se focalise bien évidemment sur l'écart de parité sur un ensemble de variables compréhensibles, il ne prend pas en compte le plus important chantier à savoir la refonte du socle sociétal, dans son ensemble : là où l'on met les pieds lorsque l'on arrive sur Terre.

Le saviez-vous ? Quand vous naissez femme en France, dans une CSP + (Classe socioprofessionnelle supérieure), vous avez 7 % de chance de moins de faire la même carrière, au même niveau de salaire qu'un homme de la même extraction sociale.

Que dire alors lorsque l'ascenseur social est en panne ?

Le plus gros défi de cette partie de siècle ne sera pas la parité salariale ou l'accessibilité aux conseils d'administration, mais bel et bien la refonte d'un modèle sociétal qui se durcit en temps de crise.

Nous avons pu mettre en lumière deux situations, que nous rencontrons d'ores et déjà, et qui sont fondamentalement incompatibles : les avancées sociales émergent plus souvent en période de troubles ou de crise, mais les droits des minorités (dans ce cas présent, les droits des femmes sont inclus) reculent au profit des élites dirigeantes.

La situation écologique et économique actuelle, et à venir, va précipiter de nombreuses personnes sur les routes, vers un futur moins catastrophique et négliger leurs droits, comme l'ont montré les vagues d'immigrations précédentes. Le syncrétisme complexe de cultures couplé à un conservatisme des pays riches va accroître les tensions entre minorités visibles, et réduire la progression du droit des femmes qui demeure une préoccupation de sociétés patriarcales riches.

Les défis persistants se résument donc à conserver la dynamique d'intégration et d'amélioration de la condition de la femme au sein de la société, mais également la valorisation de la parole, trop longtemps tue en société, en famille et au sein du couple.

Rappelez-vous que pour que la vie prenne la forme que nous connaissons sur Terre, il aura fallu 4 milliards d'années de cycles ininterrompus pour que de la vie bactérienne se transforme en l'espèce humaine telle que nous la connaissons aujourd'hui : un véritable processus continu d'adaptation et d'amélioration.

Un processus à reconstruire

Ce chapitre a jeté les bases de notre compréhension du contexte historique de la lutte pour l'égalité entre les hommes et les femmes au travail. Nous avons exploré les luttes passées, les vagues du féminisme, les avancées législatives et les politiques d'égalité, ainsi que l'émergence du mouvement « *woke* ». Continuons à explorer les enjeux actuels de l'égalité entre les sexes au travail, en examinant les défis persistants et les perspectives vers une société plus égalitaire. Ce travail mêle compréhension des enjeux passés et actuels, mais également traite d'une société alternative dans laquelle ces changements auront un impact significatif sur le virage que prendra l'être humain en faisant une société nouvelle ou en ne faisant pas société du tout.

« La société est un vaisseau sur lequel nous tous des passagers » (Benjamin Constant)

ROME SE CONSTRUIRA
EN DEUX JOURS PLUTÔT QU'UN

Nous pourrions continuer notre chemin par une citation classique de La Fontaine, vous savez, celle du lièvre et de la tortue, sur les vertus de la patience.

La réalité, c'est que si nous souhaitons des avancées justes et rapides, afin d'améliorer la condition générale des femmes dans nos sociétés, il vaut mieux opter pour « la raison du plus fort est toujours la meilleure ».

Dans cette fable du loup et de l'agneau, l'agneau vient troubler le moment de boisson du prédateur, qui, négligeant toutes les tentatives de justifications de l'agneau, finit par l'emporter dans la forêt et le manger.

Pourquoi ? Simplement parce qu'il le peut.

Cette fable dépeint parfaitement la société telle qu'elle s'est construite, avec la violence, la prédation et l'expansion comme armes d'expression : telle est la constitution même de notre espèce, à la fois nourricière, à la fois guerrière, même envers ses semblables.
Nous comprenons, au travers de cette fable, qui nous conte qu'il n'y a de compromis sans bataille, que les avancées significatives s'acquièrent à la force de poignet, mais également que le modus operandi devra évoluer pour arriver à des mouvements d'ampleur, et enfin avoir cet « impact ».
Ainsi, dans ce chapitre, nous explorerons les avancées historiques significatives qu'il nous reste à effectuer, les changements de gouvernance, de modèle sociétaux, en prenant pour exemples les évènements passés, les civilisations qui se sont succédé, et celles qui seront amenées à naître.

L'un des jalons les plus marquants de l'histoire de l'égalité entre les hommes et les femmes est l'obtention du droit de vote. Au cours du 20e siècle, les femmes se sont mobilisées à travers des mouvements de suffragettes pour revendiquer ce droit fondamental. Des pays tels que la Nouvelle-Zélande, les États-Unis et plusieurs pays européens ont ouvert la voie en accordant le droit de vote aux femmes, ouvrant ainsi la voie à une plus grande participation des femmes à la vie politique.

Pour qu'un peuple fasse société, égalitaire, il faut que la place de la femme soit égalitaire et verticale : il faut pouvoir trouver les mêmes opportunités, disposer de la même facilité d'accès aux mêmes conditions, peu importe l'endroit.

La politique comme porte-étendard ?

La politique motive, anime et divise, et cela dans de nombreux pays et notamment dans notre chère France. C'est à la fois par le biais de son pouvoir constructeur, mais également parce que la politique est affaire de nuances et de points de vue et que son application est une question de lignes d'ombres et de clair.

C'est donc un outil fondamental des démocraties et de leurs socles, et le travail politique devrait donc refléter en priorité les changements de paradigmes au sein même de ces pays. Or, l'histoire récente nous montre que ce n'est pas le cas.

La montée en puissance des chiffres ne se traduit pas à tous les étages. Prenons l'exemple de la répartition des conseillers et conseillères sur notre territoire.

Si le nombre de conseillères (régionaux, départementaux, municipaux) est en forte hausse depuis 2011 (près de 50 % en 2015 dans les conseils départementaux contre 13,8 % en 2011), la place dirigeante reste beaucoup plus marginale et en progression relativement faible (10 % des conseils départementaux, 17 % des régions, 16 % des mairies).

Comment en sommes — nous arrivés là ? Grâce à une loi de retenue financière imposée aux organes institutionnels sur la parité, homme femme. Cette même retenue s'impose aujourd'hui aux grandes entreprises, à savoir celles qui dépassent les 250 employés. Cela veut simplement dire que si vous ne respectez pas cette notion de parité, le règlement d'une simple amende suffira. Si, en substance, la sphère politique commence son lissage par le bas, qu'en est-il de la sphère de l'entreprise ?

Le constat est tout autre, à savoir que la France compte seulement 3 % de dirigeantes et 15 % de membres exécutifs (*Haut Conseil à l'égalité, 2016*). Si ces chiffres sont en hausse constante, ils sont symptomatiques d'un népotisme de classe d'un côté, mais également d'un « *trou d'éducation* » chez les femmes : n'importe qui peut devenir conseiller municipal, puisque c'est une charge coordonnée et où le degré d'exposition demeure plus faible que les postes de direction générale.

« La femme pouvant être mère, on en a déduit qu'elle devait l'être... Et ne trouver son bonheur que dans la maternité. »

Cette pensée d'Elisabeth Badinter est un des révélateurs du symptôme ici : les villages élisent avec gré un comité ou une liste paritaire, mais sont frileux à élire une femme maire.

Et de l'autre côté du système social, les mêmes chiffres apparaissent lorsqu'il s'agit de Présidentes de régions, ou bien même de candidates à l'élection présidentielle, où de nombreuses campagnes ad persona et attaques systématiques sur le genre ont eu lieu montrant qu'on préfèrera souvent l'incompétence au changement de genre.

Si nous devons bien évidemment nous réjouir de l'émergence d'une classe politique plus féminine, le retrait de la Première ministre néo-zélandaise, les *vidéo shaming* de Sana Marin et autres affaires qui ont secoué récemment les politiques femmes montrent que la classe politique, aussi avancée et aussi volontaire soit-elle, subit des résurgences de la société patriarcale, qui font reluire les fantômes des siècles précédents, usant de moyens de coercition et de violence que seules les républiques emploient : exclusion sociale, usage des médias et pression institutionnelle.

Le défi de la crise de croissance pour les femmes en politique est de taille, car pour pouvoir motiver, il va falloir inspirer, créer des vocations, se cuirasser pour mieux répondre au choc de classe que représente le rôle de représentation politique. Je viens d'un petit village, bercé par le vent des Vosges, que les flocons venaient parfois recouvrir en hiver, marqué des parfums de la France, les cuisines, les fermes, la ville au loin.

Je viens d'un petit village au cœur d'une région conservatrice et riche, où le mérite et l'extraction sociale sont clés, où l'immigration est mesurée, teintée de droite protestante et de ses valeurs cardinales.

J'y suis retourné récemment et j'ai notamment rencontré Murielle Fabre, maire du village de Lampertheim, village très similaire au mien. J'y ai rencontré une femme de conviction, de décision : un modèle pour de nombreuses jeunes femmes qui souhaiteraient se lancer en politique.

Le défi commence peut-être là. Dans la chaleur d'une nuit d'été alsacienne.

Reconstruire le pont entre éducation et emploi

L'accès à l'éducation a joué un rôle essentiel dans l'émancipation des femmes et leur progression sur le plan professionnel. Au fil du temps, de plus en plus de femmes ont pu accéder à l'éducation formelle, leur permettant d'acquérir des connaissances et des compétences nécessaires pour s'engager dans des carrières diverses. L'éducation a été un levier essentiel pour briser les stéréotypes de genre et ouvrir de nouvelles perspectives professionnelles pour les femmes.

Comment imaginer expliquer un jour à mes petits-enfants à naître qu'il fut un temps où l'éducation supérieure était réservée quasi exclusivement aux hommes, que de nombreuses découvertes majeures ont été spoliées aux femmes, qu'on ne dressait des statues que pour célébrer les conquérants, chercheurs et autres philosophes notoires.

Bientôt, ce temps sera révolu.

La lutte pour l'égalité salariale a été un domaine d'action important dans la recherche d'une plus grande équité entre les hommes et les femmes au travail. Des lois sur l'égalité salariale ont été adoptées dans de nombreux pays pour combattre les écarts de rémunération fondés sur le genre. Ces lois ont mis l'accent sur l'importance d'une rémunération équitable pour un travail de valeur équivalente, et ont contribué à réduire, bien que partiellement, les disparités salariales entre les sexes.

Nous avons compris, durant cette démonstration historique, que la construction sociale n'a jamais privilégié les femmes, les retardant dans l'accession à un emploi stable, puis un emploi qualifié. Ce « *retard* » entraîne structurellement des disparités à charges égales.

La rémunération a toujours été un des arguments majeurs de la lutte contre les discriminations entre les hommes et les femmes. Or, cela comporte un risque clair, c'est qu'une partie de ces différences peuvent s'expliquer, de façon logique. Si aujourd'hui, vous avez l'impression qu'on ne parle que de salaire : c'est l'arbre qui cache la forêt.

Que la société ne mette pas en place des actions correctives, c'est une autre question cependant. C'est la question.

Si nous descendons dans le terrier du lapin, et commençons par analyser de façon générale : les femmes gagnent 16 % de moins que les hommes à travail égal et à volume de travail égal. Derrière ce « scandale » se cache une première vérité : les hommes et les femmes ne partagent que peu de jobs en commun, à la grande échelle des choses. Les femmes se focalisent (pour le moment) sur les secteurs de la santé quand les hommes s'orientent vers le transport ou la construction, et les grilles de rémunération diffèrent sensiblement, ce qui crée automatiquement des écarts de salaires « à grille égale ». De plus, les hommes sont 22 % à occuper des postes de cadres dans ces métiers-là contre 17 % pour les femmes.

Ce premier étage de la fusée s'explique par un grand nombre de constructions sociales, qui commencent lors de l'éducation primaire, mais surtout dans les filières choisies et dans l'orientation proposée aux différents sexes. Historiquement, la construction, l'architecture, l'ingénierie de précision sont des emplois masculins, avec des systèmes de rémunération masculins (primes, variables) et des syndicats très puissants qui contribuent à creuser le fossé, notamment dans les relevés réalisés par l'INSEE, car l'ingénierie est plus valorisée que la science sociale (côté mathématique, pénibilité, projets à grande échelle).

Lors d'un sondage réalisé en 2018, les femmes estiment dans 60 % des cas être moins bien payées à compétences égales. Près de 50 % d'entre elles considèrent également être moins écoutées au travail, et que leurs avis ne sont pas ou peu pris en compte.

La réalité se situe surtout sur les facteurs bloquants d'accès aux mêmes emplois, aux mêmes promotions, aux mêmes primes, dont le miroir salarial n'est qu'une conséquence et non une cause.
Ce que l'INSEE nous montre, c'est avant tout que l'accès, en général, aux jobs mieux rémunérés (à partir du 30e décile) est plus complexe, mais que le pourcentage de femmes chute drastiquement (<40 %) à partir du 80e décile, à savoir les emplois les plus rémunérateurs (souvent les emplois décisionnaires). Cela marque une encore plus grande difficulté d'accès (liés aux conditions, aux barrières mentales, au népotisme, à la structure elle-même) aux derniers étages de la pyramide. Si la fonction publique se montre nettement plus égalitaire, il est intéressant de constater que c'est également à cet endroit que les disparités sont les plus flagrantes (et cela rejoint notre constat sur la dispersion électorale) : les emplois les plus rémunérateurs sont tout aussi inaccessibles, que ce soit dans la fonction publique ou privée.

Alors, comment avancer et faire en sorte que l'égalité salariale, ou du moins ces disparités se tassent dans les 10 prochaines années ?
Il sera intéressant d'observer deux phénomènes (l'inertie et la prise de conscience) qui marqueront une diminution de ces écarts, marqueur en réalité de nombreuses inégalités sous-jacentes.

Tout d'abord, l'inertie du monde professionnelle va se concentrer sur une meilleure intégration des femmes à de nombreux niveaux (du middle au top management), car si l'accès aux fonctions de directions demeure difficile, l'ouverture à ces fonctions pour les femmes est louée par les organismes, pour la diversité d'opinion qu'elles peuvent apporter, les qualités intrinsèques qu'apportent les femmes au sein des entreprises à ces niveaux.

Il semble impensable de se couper du relais de croissance que représente 40 à 50 % de la classe active, couplée à de meilleures conditions sociétales (crèches, durée de vie, congés paternité, aides médicales). Par définition, ces facteurs exogènes tireront la notion d'intégration et feront surtout progresser celle-ci le long de la courbe et le long des déciles. Il restera néanmoins un point d'interrogation à partir du 80e décile (les 20 derniers pourcentages de salaires les plus élevés) afin de mieux comprendre comment intégrer les femmes dans des fonctions de dirigeants. Il n'est pas aussi simple que cela de faire des femmes des dirigeantes sans leur en donner les codes ni la formation.

Ensuite vient la prise de conscience des classes dominantes masculines, loin de l'inertie provoquée par les mouvements « pro-féministes » et sociétaux. Cette prise de conscience relève à la fois du besoin de justice sociale, mais aussi de la préservation sociétale de leur propre statut. La passation ne se fera pas sans heurts : *survival of the fittest.*

Loin des « quotas » que l'on impose, cette prise de conscience personnelle et volontaire permettra aux femmes de mieux s'intégrer dans la société et dans les processus décisionnels des entreprises, à la fois guidées par des besoins de croissance dans des marchés de plus en plus fermés (Europe, USA), mais également par les menaces sociétales qui viennent nécessairement fragiliser le système patriarcal construit depuis la première révolution industrielle.

La promotion de la diversité et de l'inclusion

Au cours des dernières décennies, il y a eu une prise de conscience croissante de l'importance de la diversité et de l'inclusion dans les lieux de travail. Les entreprises et les organisations ont commencé à reconnaître les avantages de la diversité en termes de créativité, de résolution de problèmes et de performances globales. De nombreuses initiatives ont été mises en place pour promouvoir une plus grande représentation des femmes dans les postes de direction et pour favoriser un environnement inclusif où chacun peut s'épanouir. Dès mon début de carrière chez Bel, j'ai pu observer que de nombreuses initiatives allaient dans ce sens, permettant à la fois d'inclure un maximum d'employés, mais également le respect de l'égalité. J'ai même eu la chance de faire partie du comité Handicap chez Bel, qui a ouvert la voie à de nombreuses actions mises en place au niveau du groupe qui compte plus de 5.000 salariés.

Comme nous l'avons vu dans l'approche des mouvements qui émergent de façon radicale, il existe évidemment un besoin existentiel de rassembler l'ensemble des diversités, qu'elles soient de genre, d'ethnies ou incluantes des handicaps.

Partons du constat et des besoins repérés, notamment en entreprise : les grands cabinets de conseil (big four) ont tous publié des rapports mettant en exergue les qualités de l'inclusion et des facteurs diversifiant, et que leur impact se retrouve tout au long de la chaîne.

Le premier intérêt des entreprises est de les rendre plus attractives sur le marché, mais également auprès de ses collaborateurs. Il existe de nombreux organismes délivrant des certifications sur la « marque employeur ». Lors de mon passage dans la gouvernance de Troopy, nous avions très rapidement mis l'entreprise aux normes pour être *Best Place to Work*, une certification qui parle aux entreprises, mais aussi aux talents que nous souhaitions recruter. Pour obtenir cette certification, il aura aussi fallu mettre en place de nombreuses actions pour un respect de la parité et de l'égalité entre hommes et femmes. Comme quoi ? Nous avons mis en place une grille détaillée des salaires, incluant des bornes, afin de pouvoir expliquer à tous les employés où ils se situaient par rapport à leurs collègues. Nous avons fait en sorte que le processus de recrutement inclut un maximum de profils féminins, du côté des candidats, mais également du côté des interviewers. La création d'une académie sur les bonnes pratiques viendra ensuite, afin de continuer la sensibilisation des employés, mais aussi des usagers.

Le second intérêt des entreprises est nécessairement économique, puisque l'intégration de nombreux profils moins classiques permet un plus grand sens de l'innovation, une flexibilité de pensée et finalement un accroissement du revenu. Dans le cadre de Troopy, une des premières décisions aura été de créer un comité de direction dans lequel nous souhaitions intégrer plus de femmes, mais aussi aux profils et aux parcours différents, en tablant sur une variété et une richesse nécessairement positive pour une construction accélérée : nous partions de loin, et nous devions aller vite, faire mieux, faire différemment.

Cette partie du chapitre a été fortement influencée par les nombreuses personnalités que j'ai eu l'occasion d'interviewer, de petites PME jusqu'aux très grandes entreprises (Accor, Oracle, L'Oréal) dans le cadre de mes activités de réseaux et d'acteur de l'égalité dans les transports et en dehors. Cette ressource précieuse m'aura servi de phare dans la nuit, moi qui souhaitait faire avancer les choses, mais qui ne pouvait malheureusement pas me mettre à la place de toutes ces femmes, comprendre leurs parcours, les douleurs traversées et la force intérieure à surmonter la montagne après montage. C'est un chemin qui ne se construit pas en un jour.

La transition à marche forcée vers une entreprise plus inclusive et plus soucieuse des genres et des minorités représente un véritable sacerdoce pour les générations à venir, chiffres à l'appui.

Dans la plupart des cas (64 %, étude Intermobility), c'est un prérequis des nouveaux embauchés, alors que ce chiffre tend à fondre lorsque l'on atteint les strates de management. Un tel résultat est-il prévisible ? Il est intimement lié à l'éducation et aux méthodes « ancestrales » de management : c'est un fait qui nous a été confirmé puisque 73 % des interrogés trouvent que c'est un point de focus utile, et n'y voient aucune contre-indication.

De retour à mes jeunes années au sein du Groupe Bel, j'observais la mue à marche forcée d'une entreprise familiale, dont la célébrité résidait dans ses marques, toutes plus iconiques les unes que les autres (La Vache Qui Rit, Kiri, Babybel), et qui devait embrasser le XXIe siècle et toutes ses nouveautés, ou mourir. J'ai le souvenir d'une organisation commerciale qui se structurait, mais qui était encore dominée par des hommes, à la poigne de fer, comme le requérait le commerce en ces temps-là, et où se faire une place se faisait à coup de pioche. Quel choc lors de l'annonce d'une Directrice générale femme, qui détonait avec le système un peu poussiéreux mis en place ! Elle ne pouvait que forcer l'admiration et le respect. Quelle difficulté de naviguer dans des eaux hostiles, encaisser, et révolutionner en même temps ! C'est certainement une des directrices générales les plus dures qu'il m'ait été de rencontrer dans ma désormais longue carrière, et certainement une des femmes les plus gentilles. Voilà le type d'armes qu'il faut encore développer pour réussir en tant que femme. Maintenant que j'étais aux manettes d'une entreprise, je souhaitais qu'il en fût autrement.

Pour travailler sur ces sujets d'inclusion, certaines entreprises ont même instauré des postes à part entière, directement liés à l'inclusion et la diversité : on note ici un véritable progrès dans la prise de conscience des entreprises, puisque celles-ci n'accordent traditionnellement pas de temps plein, mais plutôt équipaient les employés de cette nouvelle corde, ce qui rendait nécessairement le système inefficace. De plus, ces postes sont très prisés puisque recevant « trois à quatre fois plus de candidatures », ce qui permet aux entreprises d'embaucher des candidats à haut potentiel sur un emploi structurant. C'était le retour de nombreuses agences de recrutement : les postes à impacts sont de plus en plus privilégiés, et les entreprises porteuses de valeurs similaires avaient le vent en poupe. Ma génération et les précédentes ont grandi avec le rêve de travailler chez Nestlé, Procter & Gamble ou Société Générale : tout cela, c'était de l'histoire ancienne.

Si l'inclusion demeure une question d'éducation et de prise de conscience des employés et des managers, il est des sujets qui ne restent encore pas ou peu traités comme le handicap au travail, qui n'est en rien un sujet nouveau, qui s'appuie sur une ossature législative forte, mais qui a du mal à « intéresser ».
J'ai passé plusieurs journées chez APF France Handicap, afin de bien comprendre ce que vivent les personnes en situation de

handicap, se déplacer en fauteuil roulant, devoir utiliser une canne blanche : ce monde est définitivement à part, et il est très difficile à appréhender pour des gens valides. Les nombreuses discussions que j'ai également pu avoir avec les employés, les dirigeants de l'association m'ont également ouvert les yeux sur l'écart entre les lois et les gens qui se battent au quotidien pour que ces droits soient reconnus et préservés.

« Cette période nous en apprend beaucoup sur nous même, et le fait de faire société. Cela fait 90 ans que notre association travaille pour une reconnaissance des droits des personnes en situation de handicap, et ces accomplissements ne se sont pas réalisés en un jour. Ce sera également la même chose pour les droits des femmes, des genres et des minorités : il faudra des ambassadeurs de marque, des employés-relais dans toutes les entreprises et un budget de fonctionnement conséquent pour porter un message positif sur le long terme ». Ce furent les mots d'une des directrices de l'association. Et ils sont justes.

« La patience est la plus grande des prières »

Il faudra donc être engagés et patients, et ne pas oublier que nous sommes tous la minorité de quelqu'un. Les budgets débloqués par les entreprises notamment pour financer des points de relais et des actions avec un vrai impact marqueront le début d'une politique crédible de changement : fini les tombolas et les « casquettes », il s'agit d'un sujet sérieux, comme l'est la RSE, et nous sommes passés d'un représentant à de véritables pôles dans l'ensemble des entreprises. Celles-ci devront donc suivre le même chemin en matière d'inclusion, en investissant massivement sur le court terme pour mieux survivre sur le long terme.

La lutte contre le harcèlement sexuel

Rapprocher les employés dans une forme d'égalité sociale passe surtout par l'éducation, depuis l'enfance jusque dans l'entreprise. Et cela nécessite donc de déconstruire ces schémas savamment ancrés dans la société depuis (au moins) l'ère industrielle.

La reconnaissance et la lutte contre le harcèlement sexuel ont marqué une avancée majeure dans la quête de l'égalité entre les hommes et les femmes au travail. Les mouvements tels que *#MeToo* ont permis de briser le silence et de mettre en lumière les expériences de nombreuses femmes victimes de harcèlement sexuel. Ces mouvements ont incité à des changements institutionnels et législatifs visant à prévenir le harcèlement sexuel, à protéger les victimes et à responsabiliser les auteurs de tels comportements.

C'est ici l'endroit le plus grave et certainement l'endroit qui nécessite une action la plus urgente possible : l'accès à l'éducation, l'égalité des chances et enfin la sécurité. La sécurité physique, bien sûr, que l'on s'y attarde un peu plus dans les sociétés riches et développées, mais également la santé psychologique et mentale.

Dans une société baignée d'*État Providence*, il semblerait logique de considérer que l'intégrité physique est protégée au moins de la même manière pour les hommes et les femmes. Or, la part des femmes déclarant avoir déjà subi un harcèlement sexuel au travail représente entre 50 % et 60 % (selon les études) contre 27 % pour les hommes (n'oublions pas que cela existe).

Il est clair que ces chiffres sont sous-évalués, et que les harceleurs sont plus souvent les collègues que les employeurs directs (rapport d'un sur deux) ou les propres managers, ce qui rend la dénonciation encore plus difficile, puisque cela vient se glisser dans un environnement où les gens se fréquentent régulièrement et parfois amicalement.

Ce harcèlement, s'il ne se résulte pas par un passage à l'acte, peut néanmoins causer traumatismes, arrêts maladie ou dépressions longues, pour absolument aucune raison. Voyons-y une épée à double tranchant : celle de l'éducation, mais également celle du laxisme.

L'extension de lois sur le harcèlement (et cyberharcèlement) sexuel et moral est un pas de plus, et ce pour 2 raisons très importantes :

- Il pose un cadre juridique et une définition des actes en eux-mêmes, afin de bien comprendre ce qui est légal de ce qui ne l'est pas. La zone grise existante bénéficie malheureusement trop souvent aux bourreaux et non aux victimes.

•   Il met l'employeur face à ses responsabilités et le force à prendre acte et mesure de problématiques relevées au sein de son entreprise. Il le force également à communiquer largement sur ce fléau et à sanctionner les contrevenants.

Si l'objectif est tout d'abord d'éduquer et d'informer, il permet également de qualifier et réprimander, afin de mieux sécuriser les personnes victimes dans cet environnement. Il reste cependant encore beaucoup de chemin afin de briser l'omerta et la criminalité en cols blancs, le népotisme et l'exclusion des femmes à très haut niveau.

« C'est une avancée positive, et cela doit permettre aux femmes de ne plus renoncer à certains postes justes à cause de l'atmosphère sexiste » explique Elise Fabing, avocate parisienne et lanceuse d'alerte, qui participe au groupe Instagram « Balance ta startup ».

Le compte est aujourd'hui suivi par près de 200 000 followers, et compte plusieurs centaines de témoignages d'environnements toxiques et machistes montrant encore une fois un processus vieux comme le monde pour exclure les plus fragiles, mais il montre aussi la mauvaise éducation que portent parfois (je dis bien parfois) certaines écoles de commerce et d'ingénieur. Et ne nous y trompons pas, parmi les entreprises ciblées, de nombreuses d'entre elles sont dirigées... par des femmes. Baignant dans ce monde depuis près de 8 ans, j'ai rencontré beaucoup de dirigeants et dirigeantes, d'employés, et il est indéniable qu'il existe autant d'entreprises qu'il n'existe de systèmes de gouvernances. Dans le monde des startups, il s'agglomère souvent autour de membres fondateurs, et de leurs croyances (s'ils en ont). Bien souvent, l'éducation fait défaut, la peur de l'autre et la pression du résultat peuvent transformer une belle histoire en un véritable casse-tête. Dans le microcosme parisien, nombre d'entrepreneurs ont disparu, et pas nécessairement parce que leur entreprise ne fonctionnait pas.

En effet, le harcèlement est un système sournois de classe, d'appartenance, et il s'attaque aux minorités les moins susceptibles de se rebeller, de se battre, car c'est ici, à la fois la nature humaine, mais aussi la façon dont notre société s'est construite : sur une reconnaissance de l'altérité à plusieurs vitesses.

La plus grande difficulté que pose le harcèlement, qui est-elle indépendante du genre, est la notion de victime et de coupable. Cette confrontation séculaire des victimes qui sont coupables d'être victimes et de leurs bourreaux, couverts par un système qui enterre les preuves et qui apporte le discrédit sur la victime, jetée ensuite en pâture, faisant en sorte que rien ne soit comme avant.

Il faut que la peur change de camp, c'est certain, et il faut que les classes politiques, les dirigeants d'entreprises, les strates de management œuvrent de concert pour éviter que tout cela arrive et ne pas s'emberlucoquer dans un cadre managérial définitivement *has been*. Le harcèlement existera toujours, le harcèlement de genre existera toujours, mais qu'un système entier soit construit sur la protection des bourreaux et la mise au ban des victimes, c'est évidemment inacceptable.

Les recours en justice, les actions menées par les associations, le *shaming* demeurent des méthodes qui ont prouvé leur efficacité face à l'agression.

À quoi pouvons-nous nous attendre pour les prochaines années ? Afin de répondre à ces questions, nous avons utilisé notre échantillon statistique d'employés, de tous genres, victimes, bourreaux ou non.

Sur cet échantillon de près de 400 personnes, le premier sentiment qui prédomine est celui de « la fin de la récré » : les employés hommes sentent que l'étau semble se resserrer sur de nombreuses thématiques et eux le perçoivent forcément négativement (plus de 80 %).

Dans l'ensemble, ces employés comprennent le besoin d'évacuer le doute, les situations piégeuses et de sécuriser la place de chacun, mais la fenêtre d'Overton se réduit au fur et à mesure que des mesures protectionnistes se mettent en place. Cette fenêtre définit avec clarté les limites d'acceptabilité d'une idée au sein d'un groupe.

Seulement 15 % des interrogés hommes jugent les mesures existantes insuffisantes contre 70 % pour les femmes. C'est donc ici que se situe la pierre d'achoppement : toutes les mesures restrictives ne suffiront pas à changer notre nature profonde, notre perception totalement subjective du rapport victime/bourreau et de la gravité des actes liés au corps de la femme, à la fois sexualisées depuis les années 80 et réduites à ce simple outil depuis 200 ans.

L'exemple que nous pouvons suivre est celui mis en place depuis 1999 aux USA dans laquelle les entreprises sont reconnues responsables légalement et financièrement du harcèlement sexuel (Kelly & Dobbins), ce qui a le mérite d'opposer une vraie contrainte aux couches managériales qui ne peuvent plus détourner le regard. La difficulté rencontrée par les entreprises ici est l'impact négatif sur les profits et la croissance de telles affaires (Saguy, 2003), mais dans une moindre mesure, l'entreprise fera toujours le choix du capitalisme au-dessus de l'humain, à savoir qu'un très bon élément ne sera que rarement inquiété : c'est comme cela que Weinstein put œuvrer, comme nombre d'autres, en toute impunité. « *Too big to fail* ».
Les systèmes de gestion des litiges demeurent néanmoins des organes de jugement rapide et efficace pour gérer cela dans les entreprises, évitant aux victimes de traverser le stress et l'anxiété de l'appareil juridique, mais également d'arriver rapidement à un compromis, et c'est un système que nous pourrions importer assez facilement dans les entreprises en Europe.

Si l'objectif est que la peur change de camp, ces mesures se heurtent au scepticisme de tous bords, que ce soit du côté des victimes et ce sentiment « d'impunité », mais également dans le camp des observateurs qui tendent à penser que les mouvements comme #*MeToo*, bien qu'ils aient servi une cause noble, finissent par décrédibiliser le mouvement.

L'émergence de politiques de conciliation travail-vie privée

Nous avons vu que la pression psychologique et physique constante exercée sur les minorités, mais également sur les femmes est des facteurs anxiogènes forts. Parmi ces facteurs anxiogènes existe la désormais séculaire question de l'équilibre entre le travail et la vie privée.

La conciliation entre le travail et la vie privée est un enjeu majeur pour les femmes, en particulier pour celles qui assument des responsabilités familiales. La reconnaissance de cette réalité a conduit à l'émergence de politiques de conciliation travail-vie privée, telles que le congé parental, les horaires flexibles et la possibilité de travailler à distance. Ces politiques visent à permettre aux femmes de concilier leurs obligations professionnelles et familiales de manière équilibrée.

Pour dénuder cette question, j'ai exploré les deux faces de la médaille, à savoir le côté sociologique, auprès des expertes Heather Allen et Catherine Bichara, mais également le côté *corporate* en interviewant de nombreuses femmes, cheffes d'entreprises, afin de bien comprendre comment cela se traduisait au quotidien, au jour le jour, pour elles.

Avant d'aller dans le détail des inégalités qui subsistent, et que nous avons déjà pu toucher du doigt lors de l'évocation de la construction sociale patriarcale, il s'agit de prendre la température de la société sur ce sujet.

Selon une étude de l'APEC (agence pour l'emploi des cadres) parue en 2023, mets encore une fois en avant les inégalités qui « se prolongent » à domicile.

- 52 % des femmes déclarent porter une charge domestique nettement plus élevée
- 80 % des répondants jugent qu'un tel équilibre favoriserait l'évolution de tous au sein de la société

Derrière ces chiffrent se cachent les résurgences d'un système patriarcal fort, à savoir que « l'on fait comme ça, car on a toujours fait comme ça ».

Dans cette étude, les femmes cadres marquent plus fortement la notion de concession, à savoir devoir sacrifier des moments dans leur vie privée (64 %), soit sacrifier une avancée professionnelle (35 %) au détriment du travail. Ces chiffres sont nettement inférieurs chez les hommes.

85 % des femmes estiment qu'agir directement sur cet équilibre permettra une évolution sociale pour les femmes, mais aussi pour les hommes. En effet, de nombreux hommes (25 %) déclarent avoir un jour refusé un avancement pour préserver leur équilibre familial.

Loin de l'idée clichée d'un homme omnipotent et privilégié, les injustices de genre affectent en réalité la cellule familiale dans son intégralité.

L'arrivée du télétravail est saluée par les femmes (73 %) qui y voient une amélioration dans leur contexte de vie privée/pro, mais une avancée insuffisante.

Une évolution plus large de la flexibilité des organisations et du temps de travail est requise pour créer un environnement véritablement propice à l'assouplissement de ces conditions de travail.

Il y a la question, finalement très récente, sur les inégalités que peuvent rencontrer les femmes au travail, spécifiquement liées à cette condition, puisque la notion elle-même demeure plutôt récente.

Les conditions néfastes de travail s'appliquent bien évidemment aux deux sexes, comme la surcharge de travail, le stress, la difficulté à déconnecter, le manque d'autosoins...

Des disparités flagrantes apparaissent néanmoins selon les sexes puisque les femmes estiment avoir « plus » à faire en rentrant à la maison. Selon elles, la répartition est inéquitable et la structure sociale accepte mal et catégorise les femmes : les femmes sont tout à fait capables de faire tenir leur journée dans un temps de travail optimisé, loin du présentéisme latent, encore existant dans de nombreuses entreprises.

Ainsi, le constat est que les entreprises proposent à ces cadres de travail absolument arrière et contre-productifs que les hommes et les femmes se retrouvent à devoir conjuguer une vie avec ces difficultés.

Une des différences majeures est la « valorisation de la peine » : il est courant que les hommes survalorisent les difficultés par lesquelles ils passent et tendent à sous-valoriser les mêmes difficultés pour les femmes (68 % des répondants). Mars et Vénus.

Au travers de notre étude, nous avons donc compris que les mentalités du couple progressent plus vite que le cadre de travail lui-même, et que la flexibilité née de la période de COVID, même si elle a mis en lumière une autre voie, connaît très rapidement des limites structurelles, liées à la cohésion d'équipe, mais aussi au contrôle des employés. De beaucoup qui annonçaient que les règles de télétravail deviendraient la nouvelle norme, beaucoup reviennent sur ces déclarations. En effet, le télétravail demeure un outil de contrôle complexe à appréhender, dont le suivi individuel et d'équipe devient rapidement contre-productif. J'ai pu l'expérimenter lors de sa mise en place pendant la période de COVID-19 : s'il nous a permis de conserver une activité et un lien social, il a vite mis en lumière mon incapacité à conserver un contrôle convenable sur mes collaborateurs et leurs carrières. Cette rupture de contact finit par engendrer du stress et de la dépression chez nombre d'entre eux.

Le lien entre stress et dépression au travail est un fait avéré, mais extrêmement difficile à traiter, côté employé comme côté manager. Arrêtons-nous quelques instants sur le principe du *karoshi*. Il s'agit ici du principe de « mort au travail » observé notamment au Japon et à Taïwan. Ces morts sont liées à une surcharge de travail, un stress excessif et un manque de reconnaissance. Si ce phénomène est connu dans un Japon qui s'est rapidement réindustrialisé après sa capitulation en 1945, la collecte de données a véritablement commencé en 1997 où environ 25.000 personnes se donnaient la mort par an, dont environ 60 % liées à des états de santé. Le plus flagrant dans ces chiffres (Jobin, Tseng, 2014), est que le ministère de la Santé ne déclare pas officiellement les cas de suicides dus au *karoshi* mais mentionne « soi-disant *karoshi* », classant donc ces morts dans les accidents du travail.

C'est à partir de ces années que les autorités ont commencé à s'intéresser aux cas de suicide au travail, et les relier aux conditions parfois horribles de travail, créant même des lignes d'écoute et des cellules psychologiques spécifiquement dédiées au *karoshi*. Une part proportionnellement importante de suicides ou de troubles psychiques sont liés à un temps de travail excessif (au-delà de 40 heures) puisque ces employés représentent 43,9 % de la classe active étudiée par Kawahito (1998), mais représentent 78 % des suicides recensés. Un véritable outil de mort.

On note que du fait de la structure extrêmement patriarcale et défavorable aux femmes, les suicides des femmes sont relativement faibles au Japon, quand ils sont plus « égalitaires » dans les pays scandinaves par exemple (Suède, Danemark). C'est ici le paradoxe du karoshi, les femmes sont moins en danger, car elles sont un outil de production sous-exploité. Lorsqu'on les met dans les mêmes conditions, les chiffres sont plus élevés, et le nombre de dépressions augmente drastiquement.

Ces situations engendrent définitivement un très mauvais équilibre dans la vie professionnelle et privée des individus, dans leur couple et dans leur propension à avoir des enfants. On constate un recul net de la natalité dans ces pays (Japon, Corée, Taïwan, Suède…) liés au stress et à une baisse de la libido des couples (démographie, actes par semaine).

Ainsi, la thématique de l'équilibre entre les deux mondes qui animent notre vie demeure un grand sac de nœuds, et pousse à une profonde remise en question de notre approche du travail, et de l'importance que nous y accordons.

Un travail n'est-il au fond qu'un travail ?

Le système français de réintégration des femmes dans le circuit du travail favorise un épanouissement et une simplification de cet équilibre, dont d'autres pays devraient s'inspirer, comme l'Allemagne où la femme demeure marginalisée une fois la maternité passée.

Encore une fois, c'est Elisabeth Badinter qui a le mot juste sur l'importance de la maternité dans nos systèmes encore trop patriarcaux :

« Au lieu d'instinct, ne vaudrait-il pas mieux parler d'une fabuleuse pression sociale pour que la femme ne puisse s'accomplir que dans la maternité ».

À méditer.

Les quotas de représentation

Nous avons donc compris que l'environnement de travail mais également les externalités est des facteurs aggravants des inégalités de traitement envers les femmes. La notion d'omnipotence totale des hommes semble ici s'estomper quelques instants, ceux-ci vivant les mêmes problèmes que les femmes.

Pour remédier à la sous-représentation des femmes dans les postes de leadership et les organes de décision, de nombreux pays ont adopté des quotas de représentation. Ces mesures visent à garantir une plus grande parité en imposant un pourcentage minimum de femmes dans les conseils d'administration, les parlements ou les organes de gouvernance. Les quotas de représentation ont permis de briser les barrières traditionnelles et d'ouvrir des opportunités pour les femmes qualifiées d'accéder à des postes de pouvoir et d'influence.

Durant la phase d'entretiens, j'ai pu échanger avec de nombreuses cheffes d'entreprises, partout en Europe. Si les différences ne sont pas trop ressenties dans les entreprises baltiques ou nordiques (OxDrive, VOI, Tespack), elles se sont fait ressentir dans les entreprises des pays du sud où les startups se sont plus facilement formées autour d'hommes, souvent ingénieurs, et qui ont ensuite eu du mal à recruter des C-levels femmes, ou à faire évoluer des ressources en interne, du fait d'une profonde méconnaissance des systèmes de promotion.

Le premier système de représentation se ressent au niveau du monde des startups et de la Tech, qui étant donné son essence plus flexible et libérale devrait être plus enclin à favoriser les femmes dirigeantes et la parité dans les conseils d'administration. Or ce n'est pas nécessairement plus le cas, qui par essence est créé par des hommes et financé par des fonds d'investissement où plus d'hommes travaillent.

Prenons l'exemple de l'écosystème israélien, qui représente un des *hot spot* en matière de création de startups et surtout de technologies avec un tissu universitaire fort et un marché captif. Si en 2019, l'étude menée par Mastercard montrait qu'Israël était l'un des pays les plus propices pour lancer son entreprise lorsque l'on est une femme, les études statistiques montrent que seulement 24 % des dirigeants d'entreprises *(Oxfam, 2022)* sont des dirigeantes. Ce chiffre demeure une performance, puisqu'en nette augmentation (6 points en 3 ans), et surtout au vu de la faible part des femmes qui participent à la vie active, mais néanmoins très faible.

Lorsque l'on parle d'évolution de la place de la femme et surtout de son évolution dirigeante, on comprend que les obstacles se situent d'abord dans la considération de la femme dans la société (structure de famille, héritage culturel, héritage religieux), mais aussi les chances laissées aux femmes de s'exprimer.

Je peux vous raconter l'exemple d'une chère amie, que j'ai rencontrée il y a de cela 10 ans à Paris : elle a lancé avec succès son entreprise en Israël puis s'est développée aux USA, intégrant des investisseurs réputés et fiables à son board, et bénéficiant de programmes d'accélération pour supporter la croissance de son entreprise.

En lançant son entreprise appelée « *Trench* », Adi était contente d'être considérée comme une entrepreneuse, une technicienne et une visionnaire au sein d'un écosystème d'entreprise complexe et en maturation, héritiers de startups comme Gett, Waze ou StoreDot. Elle avait été plus marquée par le piédestal sur lequel l'avaient mis les réseaux américains et européens parce qu'elle était une femme, blanche, fondatrice d'une entreprise. « L'objectif n'est pas de mettre en avant un profil spécifique, mais plutôt de demander à ces réseaux d'appuyer l'écart criant entre les hommes et les femmes dans mon pays ».

En 2022, l'Autorité israélienne de l'innovation a publié un rapport intitulé « Women in High-Tech » qui présente des chiffres accablants, mais finalement similaires à de nombreux pays, qui n'ont certainement pas saisi l'enjeu de la parité. 30 % des femmes travaillent dans la Tech. Pourquoi ? Car 30 % des étudiantes s'orientent vers les filières technologiques. Au sein de cela, 10 % deviendront un jour dirigeantes de startups à haute valeur technologique.

Le ministère israélien de l'Éducation a donc décidé d'ouvrir plus de places et de favoriser l'intégration des femmes dans les filières scientifiques et technologiques. Il a été également voté le doublement des programmes pour encourager les femmes à continuer leur carrière scientifique, mais aussi à se lancer dans l'entrepreneuriat, et les faire sortir d'un anonymat imposé par leur société.

De nombreux pays ont d'ores et déjà imposé des quotas, au sein de leurs très grandes entreprises (France, Espagne, Inde), dans les TPE (Islande, Norvège) voire au sein du gouvernement comme peut le proposer le Rwanda.

Si les pays européens obligent une représentation jusqu'à 40 % au sein des conseils d'entreprises, le Rwanda a inscrit dans sa constitution plusieurs éléments égalitaires (2003), dont une représentation de 30 % des femmes dans les administrations. 56 % des députés au Rwanda sont des femmes, et bien que ce soit intimement lié au génocide et une dynamique de « tourner la page », le Rwanda est aujourd'hui 7e au classement du gender gap, a comblé 80 % des inégalités liées au genre, et cela a permis au Rwanda de faire unité pour reconstruire, dynamiser et faire évoluer le pays, devenant une plaque tournante des échanges commerciaux de la région. Tout cela, pour un pays qui fait la taille de la région Lorraine ou de la Slovénie.

Si les quotas et l'obligation légale se sont avérés être des mesures relativement efficaces dans la plupart des pays qui en ont décidé le vote, cela n'empêche pas de nombreuses multinationales d'être simplement sanctionnées financièrement comme nous l'observons dans de nombreux pays développés.

Prenons l'exemple de la France, pays conservateur, mais progressiste, qui a acté que 30 % des entreprises devraient être dirigées par des femmes, et que les instances dirigeantes devraient avoir 30 % de femmes d'ici 2027, pour passer à 40 % en 2030. Il s'agit donc d'une extension de la loi Copé-Zimmermann, qui imposait 40 % de femmes dans les conseils d'administration. La mise en place de quotas dénote nécessairement d'une sanction ou d'une mise au pas, mais représente également l'espoir de voir les situations se normaliser au sein des entreprises, dans le temps *(Viviane de Beaufort, 2021)*.

Le risque d'aller trop vite est de propulser trop vite des femmes aux parcours incomplets, ce que nous avons pu observer dans la partie analytique de notre recherche sur les facteurs d'inégalités. Plus de 65 % des répondantes ne se sentent en réalité pas « taillées » pour l'étape d'après, et ce, peu importe le coaching et la formation. La décision des quotas est une avancée formatrice, qui ne réduira que moyennement les inégalités à court terme, mais formera des générations futures pour lesquelles la notion d'égalité sera ancrée, par leur éducation, mais aussi dans leurs jeunes années professionnelles. « On ne naît pas femme : on le devient », et c'est ainsi que l'on construit la destinée du sexe féminin au sein de la société, comme l'aurait envisagé Simone de Beauvoir.

Les femmes pionnières

Si nous avons mis en lumière Simone de Beauvoir, grande philosophe, représentante de l'existentialisme et fondatrice du féminisme moderne, c'est évidemment pour mieux comprendre l'articulation de la pensée féminisme et du déconstructivisme social lié à ce mouvement.

Tout au long de l'histoire, de nombreuses femmes pionnières ont joué un rôle crucial dans la lutte pour l'égalité entre les hommes et les femmes au travail. Des figures emblématiques telles que Gisèle Halimi, Rosa Parks, Frida Kahlo, et bien d'autres encore, ont inspiré et ouvert la voie à de nouvelles générations de femmes étendards du moment. Leurs réalisations et leur détermination ont contribué à remettre en question les normes sociales et à promouvoir l'égalité des chances pour tous.

La présence de femmes pionnières, leurs œuvres, a permis de ramener patiemment une réalité non genrée dans les discussions sociétales. Au lieu de simplement les nommer, il est plus intéressant de comprendre les loquets qu'elles ont permis de débloquer, et ce de façon relativement uniforme dans l'ensemble des sociétés, qu'elles soient démocratiques ou conservatrices.

Pourquoi ?

Car de nombreuses sociétés se construisent également sur les apprentissages de l'humanité à grande échelle, et ces avancées couvent au sein de leurs propres sociétés, et font donc office d'acquis sociaux qui naîtront ou renaîtront peut-être un jour.

L'exemple marquant est celui de la démocratie, qui, bien qu'imparfaite, est un des meilleurs systèmes de gouvernance connus et ait permis de stabiliser de nombreux régimes, et de créer des conditions de paix et donc d'évolution sociale et technologique dans de nombreux pays.

Il existe cependant de nombreux pays dans lesquels la démocratie ne fonctionne pas ou peu, car la construction historique ne laisse pas la place à de telles avancées.

Or les avancées technologiques majeures et la présence de ces femmes au sein de ces avancées se sont majoritairement faites dans des pays démocratiques, laissant plus de place à la femme dans les institutions économiques et scientifiques.

Nous sommes bien évidemment loin des blagues de cours de récré, expliquant que l'homme a inventé les avions et la bombe atomique alors que la femme a inventé le Monopoly (Elizabeth Maggie, 1904) ou les filtres à café (Melitta Benz, 1908).

Saviez-vous que Maggie a revendu les droits de son invention, qui s'appelait à l'origine The Landlord's game, pour 500 livres ?

Depuis 1935, le jeu a été vendu à plus de 250 millions d'exemplaires.

Loin des histoires, aujourd'hui drolesques, de Monopoly ou du « swoosh » de Nike, acheté à l'époque 35 $ à Carolyn Davidson, graphiste pour Phil Knight, qui finira par reconnaître l'impact de son travail en lui offrant reconnaissance et actions de Nike, nous regardons de près les grandes actrices et inventeur au fil des siècles

Un coup d'œil dans l'ouvrage de Déborah Jaffé (2004) nous permet de mieux comprendre la place prépondérante, et parfois oubliée, de certaines femmes qui ont pu changer notre quotidien, bien plus que la création de machines à laver. Loin de s'occuper uniquement du foyer, les femmes ingénieures sont en réalité nombreuses, et tout aussi créatives que les hommes, et ont œuvré dans de nombreuses catégories (propulsion à hélices, ponts suspendus, atome).

Une des premières injustices notables à imputer à la société prémoderne est la création de brevets, qui étaient plus compliqués pour les femmes à déposer.

Si les hommes pouvaient déposer des brevets sans trop de complications, les femmes devaient souvent avoir l'aval d'une figure paternelle, la confirmation de collègues sur la véracité de la découverte, et un accord bancaire pour le dépôt de brevet.

Dans de nombreux pays anglo-saxons, les femmes n'avaient tout simplement pas le droit de posséder de biens ou de propriétés intellectuelles, ce qui rend tout traçage de leurs découvertes encore plus complexe.

Ainsi, cantonner les femmes du XVIIIe et XIXe siècle au rôle de potiches n'est pas leur faire justice, puisque de l'expertise de la métallurgie ou des mécanismes naît l'essuie-glace ou le kevlar (Stéphanie Kwolek, 1960). Parmi elles existe bien sûr Marie Curie, pionnière parmi les pionnières, héroïne de l'histoire de l'atome, première femme Nobel dans deux catégories, et génie hors pair.

L'histoire brillante de Marie Curie fait partie de ces histoires qui méritent de nourrir la réussite et la progression des femmes pionnières qui, si par leur courage, génie ou audace ont renversé des montagnes, elles ont surtout pavé la voie vers encore plus d'innovations, car l'intelligence des femmes est ici un formidable relais de croissance de l'innovation, innovation qui sauvera l'humanité.

Pourquoi ? Car l'histoire nous enseigne que si les civilisations démocratiques et apaisées produisent des innovations performantes pour leurs sociétés, il reste près de 60 % de la planète qui voit les femmes réduites au foyer. Cet avènement doit arriver pour ramener ces civilisations sur un schéma de croissance et de progrès social et technologique.

Nous verrons donc l'émergence d'une classe de femmes audacieuses et intrépides venant de pays encore retors lorsqu'il s'agit de la place de la femme dans leurs sociétés (Iran, Irak, Égypte, Arabie Saoudite).

Souhaitons de tout cœur que nos petits-enfants grandissent au milieu de places et de rues portant le nom de ces héroïnes à naître, comme le furent Simone Weil ou Gisèle Halimi.

Les mouvements féministes contemporains

Les mouvements féministes contemporains ont également apporté leur contribution à l'avancement de l'égalité entre les hommes et les femmes au travail. Des mouvements tels que le féminisme intersectionnel, le féminisme sexe-positif et le féminisme transinclusif ont élargi le débat sur l'égalité des sexes et ont mis en lumière les réalités et les expériences spécifiques des femmes issues de différentes communautés et groupes marginalisés. L'émergence rapide et multidirectionnelle de nombreuses causes devenues mouvements a permis une chose précieuse, notamment pour le grand public : la mise au jour de nombreuses pratiques cachées et discriminantes.

Prenons l'exemple du film *She Said*, sorti en novembre 2022 et qui retrace l'histoire de deux journalistes, Jodi Kantor et Megan Twohey, s'attaquant à faire tomber un des magnats de la production cinématographique : Harvey Weinstein. Ce film propose une compréhension fine de l'enquête certes, mais surtout de la mise en place d'une machine huilée et implacable, garante d'un système où abus et omerta sont les mots d'ordre.

Une description dépouillée et intelligible, qui permet de faire face à des faits et des constats, le plus souvent abominables puisque tout le milieu est bien au fait des agissements de cet homme, et surtout que de nombreux Weinstein existe certainement ailleurs.

La libération de la parole, si elle est parfois dans l'excès, dans la violence, dans la colère, très souvent compréhensible, a néanmoins permis de mettre en lumière de nombreux systèmes, verrouillés, népotiques, concentrés sur la cooptation et la violence morale.

Les premières vagues du féminisme ont permis de libérer la femme du carcan machiste et idéologique de la société pour leur permettre d'avoir accès à des droits qui nous semblent presque naturels (vote, école, diplômes, politique) et ainsi se forger une carrière, grimper l'échelle sociale et participer à la vie de la cité. Les vagues auxquelles nous assistons en ce moment montrent le besoin plus prononcé de reconnaissance, d'affirmation, de sortir d'un schéma oppressant et destructeur pour les femmes, lentement mis en place par une société dominée par la doxa masculiniste.

Mais que recherchent donc ces mouvements, et où s'arrêteront-ils ?

Nous comprenons, en observant l'histoire, ses mouvements, et sa volonté à faire changer les choses que certains sujets progressent lentement mais sûrement.
Les sujets que nous regarderons dans 200 ans comme nous regardons, avec nos yeux, avec consternation, dégoût ou aberration.

Prenons l'exemple du mariage pour tous en France, promulgué en 2013 sous la présidence de François Hollande. Cette loi appelée *Loi Taubira* va être adoptée, après de nombreux débats houleux, et à majorité relativement restreinte, permettant à la France de marier des personnes du même sexe. Politiquement, cette décision polarise encore plus les camps, la droite conservatrice promettant d'annuler cette loi une fois au pouvoir, de nombreuses manifestations rassemblent plusieurs dizaines de milliers de personnes (Paris, Nantes, Rennes) pour contester ce qui apparaît à l'époque comme une loi clientéliste.
Il y a deux façons d'approcher cette loi, qui s'apparente à ces lois sociales capables d'infléchir la destinée d'une nation, comme la peine de mort, le droit de vote des femmes ou l'égalité salariale.

La première façon d'aborder cette nouvelle loi est philosophique. Si nous faisons fi de la perception de normalité de telles unions, il n'y a aucune bonne raison de ne pas promulguer une telle loi, puisque ces relations ont existé depuis longtemps et qu'il ne tient qu'à une société d'intégrer un maximum de ses membres.

Souvenez-vous de l'intersectionnalité : il est plus simple de retirer de la tension sur certaines populations trop longtemps considérées comme des minorités en promulguant une loi qui faisait sens de toute façon.

La seconde est mathématique. Elle permet, a posteriori, d'élaguer toutes les théories sexistes et fanatiques stigmatisant la fin du mariage et la destruction de l'institution.

Depuis l'arrivée du PACS en 2000, puis du mariage pour tous, les chiffres des unions sont demeurés très stables, que ce soient les mariages ou les PACS, entre 390 000 et 420 000 (2022) unions, équitablement réparties par an. Au sein de cela, et à part une mise à niveau en 2014, les unions entre personnes du même sexe stagnent autour de 7 000 couples par an (soit 1,6 % des unions) et 14 000 incluant les PACS (soit 4 % des unions).

Si ce combat a été politique et instrumentalisé, il n'en demeure pas moins qu'une partie de la population a vu ses droits égalisés, même si cette partie de la population ne représente qu'une infime minorité.

De nombreuses discussions que j'ai pu avoir, notamment avec des personnalités politiques, cet argument est souvent revenu, à savoir que les sujets de société concernant les femmes représentent 50 % de la population. Cela veut dire que chaque combat mené se fait pour une véritable majorité, on ne parle plus d'intersectionnalité.

En 2013, seuls 47 % des sondés (IFOP) considéraient que les gays et lesbiennes devraient avoir le droit de se marier contre 66 % en 2023, une pratique qui est désormais rentrée dans les mœurs, qui suscite toujours une homophobie relativement prégnante, mais qui reste un sujet considéré comme marginal par l'opinion publique.

En gros : même si ce sont des sujets structurants pour une société, il faut accepter (pas philosophiquement) que l'homophobie existe toujours quelque part dans le cœur des hommes, par manque d'éducation, par conviction ou par méchanceté. Il faut surtout accepter que ce qui importe au peuple, c'est d'avoir un frigo rempli et une vie décente, idéalement un idéal patriotique, le reste demeure bien accessoire.

« Jamais on ne corrompt le peuple, mais souvent on le trompe » (Rousseau).

La réalité que nous combattons est ici double : il est très difficile d'être une femme dans la société (74 % des sondés, TF1, 2023), et que ces femmes combattent seules (72 des sondés). Il est difficile, car contrairement au mariage pour tous, qui vient englober un ensemble de sujets de société (place au travail, dans l'adoption, dans la vie civile), les droits des femmes sont trop souvent bafoués au niveau primaire des besoins. C'est pour cela que les nombreux mouvements, légitimes, nés ces dernières années, militent pour une amélioration de :

- L'égalité économique entre femmes et hommes
- Le droit des femmes à disposer de leur corps
- La représentation sociale et politique
- La protection des femmes en ligne
- La justice écologique

C'est parce que les causes sont nombreuses et parfois moins lisibles, passant parfois au second plan de l'actualité et des priorités, comme peut l'être aussi l'écologie.
Pour que l'action de ces groupes devienne d'ampleur, elles auront besoin de plus d'argent et de plus de leaders charismatiques, venant de l'ensemble de la société, et pas seulement du côté des femmes.

J'ai été intégré dans un groupe de discussion appelé « Ambassadors for Diversity in Transport », financé par la Commission européenne, étant un des seuls hommes du programme. Il est passionnant de voir les inégalités dans l'ensemble de l'infrastructure, dans les décisions prises et dans les budgets alloués. Ce n'est pas que les entreprises ne veulent pas s'investir, mais elles sont mues par des obligations financières et sociales, qui ne donnent que peu de place aux progrès sociétaux rapides.
« Nous avons la chance d'avoir des hommes prêts à s'investir avec nous, et à défendre une cause qui n'est pas tout à fait la

leur » me disait Adina Valean, la commissionnaire chargée des transports à Bruxelles, une femme au parcours inspirant et exemplaire, qui maîtrise les arcanes politiques de la ville comme personne. Derrière ce message, c'était surtout le besoin d'avoir des hommes s'investissant pour la cause, de manière désintéressée, plutôt que de se battre pour leur poste, leur promotion ou leur carrière.

Ces mouvements devront donc se structurer et recruter plus largement afin de pouvoir générer plus d'attrait sociétal, mais surtout politique. Il y a aujourd'hui très peu d'hommes politiques qui portent la voix des femmes, et nous ne pourrons pas nous émerveiller éternellement devant Jacinda Adern, Sana Marin ou Evika Silina.

Il faut absolument sortir de la servitude volontaire des peuples, et de leur permettre une autodétermination, qu'on « *domine plus facilement en excitant leurs passions qu'en servant leurs intérêts* » (Gustave le Bon).

Les progrès dans les différents secteurs

Des progrès significatifs ont été réalisés dans un nombre grandissant de secteurs professionnels, en faveur de l'égalité des sexes.

Les femmes ont réussi à pénétrer des domaines traditionnellement dominés par les hommes, tels que la science, la technologie, l'ingénierie et les mathématiques.

Les femmes ont également accédé à des postes de pouvoir dans les domaines politiques, économiques, culturels et artistiques, contribuant ainsi à une plus grande représentation et à une plus grande diversité de perspectives.

Nous avons vu que la société s'était construite de façon tout à fait inégale et donc inégalitaire, que les rouages puissants des institutions nourrissent consciemment ou inconsciemment ces nombreuses inégalités, et que de nombreux mouvements ont émergé au fil des siècles, menés par des figures de proue charismatiques, menant aux combats que nous pouvons observer actuellement. Si ces progrès ont pu être réalisés, c'est également que l'appareil politique et la structure de la société le permettaient, à savoir ne pas faire de ces efforts des espoirs brisés, sans lendemain.

La politique est un miroir imparfait de notre société, il nous montre néanmoins une montée en puissance de la représentation politique, comme nous l'évoquions, avec une hausse des sénatrices (36 %), des députées (37 %) et des conseillères municipales (45 %).

C'est une hausse plébiscitée par les citoyens, dans leur écrasante majorité (plus de 90 % — IFOP). Cette hausse naît bien évidemment des ordonnances de 2002 et la parité dans les scrutins, mais également d'un attrait accru pour la vie de la cité et la représentativité de la part des femmes actives. Cette hausse est également liée à un meilleur accès à l'éducation et cet accès graduel montre ensuite que 55 % des diplômées de l'enseignement supérieur sont des femmes.

On note qu'une part importante de ces diplômées se situe dans les sciences humaines (70 %) et sciences humaines (86 %) ce qui montre l'émergence d'une classe moyenne, voire supérieure, d'étudiantes permettant une autonomisation des femmes (salaires, logement, carrière).

De la politique à l'éducation, les femmes prennent au fur à mesure leur place dans la société, gérant leur carrière et s'impliquant dans la vie de la cité. Leurs droits sont mieux reconnus, comme le droit à disposer de leur corps, par la contraception (pilule, contraceptifs chimiques, chirurgie), par la procréation médicalement assistée et la capacité à congeler leurs ovocytes et donc sortir du carcan trop souvent imposé de femme au foyer, où la maternité était un régulateur ou un frein à la carrière.

Arrêtons-nous sur la « *Loi bioéthique* » de 2021, qui a permis l'accès à la procréation médicalement assistée, permettant l'accès à la maternité à des couples pour qui aucun autre recours n'est possible. La première année, 10 000 consultations sont réalisées, 2000 dons de spermatozoïdes sont réalisés pour des couples de femmes ou des femmes seules et 11 500 femmes ont fait une demande de conservation ovocytaire.

À la lumière de ces premiers chiffres, nous pouvons soulever quelques constats :

•	Les chiffres et leur ampleur ressemblent peu ou prou à ceux du mariage pour tous, soit une part inférieure à 5 % des demandes annuelles
•	Que l'évolution de ces chiffres s'accélère avec une vitesse modérée et un plafond bas, lorsque la structure administrative sera rodée et en place
•	Que la mise en place d'une structure autour de la congélation d'ovocytes soit une excellente nouvelle pour les femmes, pour de nombreuses bonnes raisons (qualité, durée de vie, survie de l'espèce) et que c'est une avancée majeure pour les droits des femmes

Enfin, l'évolution de la perception et de la compréhension de la violence au travail, notamment par le régulateur, tend à sécuriser la vie des femmes au travail. La loi de 2018 qualifie le harcèlement moral et physique à connotation sexiste, incluant l'outrage sexiste et la mise en place de points de relais au sein de l'entreprise. Pourquoi est-ce important ? Car, ni le sablier du temps ni la pression et la violence sociale ne viennent plus désormais entraver la vie des femmes au travail. Ou du moins, dans une moindre mesure.

Les défis persistants

Malgré ces avancées, de nombreux défis persistent sur le chemin de l'égalité entre les hommes et les femmes au travail. Les écarts de rémunération, les obstacles à la progression professionnelle, la sous-représentation des femmes dans les postes de pouvoir et les discriminations subtiles survivantes dans de nombreux secteurs d'activité. Si de nombreux changements interviennent notamment au travers du législateur, la plupart des changements sociétaux interviennent par la pression du peuple, des groupements d'intérêts, des associations, qui œuvrent au quotidien pour une meilleure représentation des femmes dans la société.

Je ne peux m'empêcher de penser à l'engagement que nous avions pris en 2022 auprès de Marie-Xavière Wauquiez, fondatrice de Femmes en Mouvement, mais également auprès de la Fondation des Femmes d'Anne-Cécile Mailfert, afin de mieux comprendre comment être un entrepreneur responsable et engagé, et de permettre à son entreprise, Troopy à l'époque, de faire pareil.

Collaborer avec ces expertes et leurs réseaux : cela fonctionne comme un système de feux tricolores, afin de mieux comprendre les défis restants et les actions à mener pour renforcer notre compréhension de tout le chemin qui reste à parcourir, il nous faut avancer avec les feux les plus verts possibles.

Loin des boueux sentiers de la politique, de ses contradictions, je me permets de vous laisser réfléchir sur cette citation de Christiane Taubira :

« Nous les femmes, nous sommes la moitié du ciel, et même un peu plus. Nous entendons être la moitié de tout, pas vos moitiés, la moitié de tout […] ».

Christiane Taubira demeurera aux yeux des Français une progressiste, une femme de gauche, députée représentante des minorités, engagée contre la traite d'humains et l'esclavage moderne, elle a mis son action politique au service des voix qu'on n'entend plus.

C'est également l'action, le relais dont se font garantes toutes ces associations qui travaillent pour mettre en lumière les défis et les écarts encore existants.

Un des premiers défis demeure le renforcement de la chaîne « *education to job* » dans les filières scientifiques et technologiques de pointe. Une des disparités longtemps pointées du doigt demeure la faible présence de femmes dirigeantes dans les entreprises du CAC 40.

Dans le questionnaire que nous avons pu mettre en place, 75 % des femmes estiment qu'il existe encore un plafond de verre jusqu'à l'accès aux plus hauts postes, mais seulement 35 % estiment que c'est la faute des hommes et de leur volonté de privilégier la cooptation. Comme quoi.

Le défi est ici double pour les femmes : s'intégrer encore mieux dans les filières technologiques, avec plus d'intensité, afin de « remplir le réservoir ». Par un effet de cascade (la cascade de verres de champagnes par exemple), les femmes accèderont plus souvent aux postes à très haute responsabilité par ce qu'elles seront plus nombreuses aux niveaux d'en dessous, et surtout dans les filières scientifiques et technologiques.

- L'orientation scolaire des femmes doit leur faire privilégier les filières scientifiques et techniques, et préparer les étudiantes à la rudesse de tels parcours : il n'y a pas de montagne impossible à gravir
- Le choix des métiers techniques doit être favorisé au détriment des métiers plus administratifs ou dits « soft skills ». Notre étude révèle que si les femmes suivent académiquement un même parcours technique, elles seront plus facilement embauchées dans les métiers du marketing, de la comptabilité ou du commerce : c'est la préférence de L'Oréal sur Airbus.
- La cooptation doit devenir un réflexe pour les femmes afin de leur permettre de grimper plus rapidement les échelons et surtout de faire qu'une exception devienne une règle : on se serre les coudes !

Aussi, pour faire grimper le faible nombre de 30 % jusqu'à une moyenne équitable, c'est bel et bien toute une chaîne d'éducation et de soutien qui est à construire.
J'ai eu l'occasion d'assister à plusieurs réunions de « Women in Tech » en Allemagne et en France, afin de mieux comprendre les systèmes de cooptation entre femmes et leurs réussites. C'est évidemment à cette occasion que j'ai pu rencontrer de nombreuses femmes d'exception du milieu Tech allemand comme Léa-Sophie Kremer ou Jeannette Zu Furstenberg, de mieux comprendre leurs parcours et comment l'écosystème a finalement soutenu leur ascension.

Le deuxième défi sera autour du corps de la femme et de la possession de son corps. Il ne s'agit pas ici de trop spéculer ou de trop s'épancher sur les origines de la libido, de sa construction et des conséquences d'une baisse généralisée que l'on observe en

Europe. En interrogeant plusieurs médecins, et en me référant aux articles parus, en nombre, en 2023 sur la thématique, on constate que la libido baisse de façon généralisée chez les hommes et les femmes, plongeant en partie notre société dans une sinistrose et une baisse de la natalité.

Afin de mieux comprendre les origines de ce phénomène, faisons un brin d'histoire. Le corps de la femme a commencé à se sexualiser ou à « s'hyper-exposer », en parallèle de la croissance formidable qu'engendrèrent les révolutions industrielles et les Trentes Glorieuses. Ce qui s'apparentait alors à la libération de la parole, de l'expression et du corps déviait rapidement sur une surmédiatisation et une surconsommation à laquelle était intimement liée la femme et sa féminité.

« Ce qui est personnel est politique » était un slogan utilisé par les féministes *early movers* pour mettre en lumière cette vague d'hyper exposition des femmes et de leurs corps, mais aussi de soumission, comme nous pouvons le voir avec les débats sur le voile ou l'abaya.

« Je ne suis pas une femme libre tant que les autres femmes ne le sont pas » (Aude Lorde)

Ce combat restera complexe tant que les rouages de la consommation de masse et du bonheur artificiel qui s'installent dans nos sociétés modernes sont si complexes. Sommes-nous condamnés à vivre un bonheur par procuration ? Était-ce mieux avant ? Non, mais les hommes et femmes vivaient des moments de bonheur plus purs et plus sincères, selon l'avis de nos répondants. Regardez des photos de la libération en 1945, des années folles de Woodstock, des *early nineties*.

La baisse de libido coïncide également avec l'utilisation massive du porno, des anti-anxiolytiques et autres médicaments qui soignent les maux modernes, mais pas l'humain de ses propres turpitudes.

Sortir la femme de cette idée d'objet accessible et l'idée qu'elle doive satisfaire les besoins reproducteurs, lui laisser l'entier droit de disposer de son corps, de le retoucher, de prendre une contraception ou non, de congeler ses ovocytes, de procréer ou non : ce sera le combat des deux prochaines générations, afin de retrouver une véritable osmose entre les genres.

La véritable menace qui pèse sur nos sociétés n'est pas le mariage pour tous, les changements de genres ou la GPA, mais bel et bien la chute de la natalité, liée aux politiques sociales, mais surtout à une société vieillissante et hésitante, préférant se réfugier dans le porno que de réinventer le lien, comme il l'a toujours été.

Pourquoi avoir choisi de mettre en lumière ces deux défis ?

Car ce sont des défis concomitants, qui, parce que vitaux pour la société, feront pencher la balance pour les prochaines générations. Les femmes doivent pouvoir mieux s'intégrer dans le système éducatif et notamment les sciences dures, y faire carrière.

Une fois leur carrière lancée, elles doivent pouvoir sécuriser leur espace vital et la perception qu'a la société de leurs corps.

C'est cela que nous devons léguer aux jeunes.

À toutes ces jeunes générations.

Conclusion

Ce chapitre a exploré les avancées historiques qui ont marqué la lutte pour l'égalité entre les hommes et les femmes au travail. Des droits politiques tels que le droit de vote, l'accès à l'éducation, les lois sur l'égalité salariale, la promotion de la diversité et de l'inclusion, la lutte contre le harcèlement sexuel, les politiques de conciliation travail-vie privée, les quotas de représentation et les réalisations des femmes pionnières ont tous contribué à façonner un monde professionnel plus égalitaire.

Cependant, il reste encore beaucoup à faire pour surmonter les défis persistants et parvenir à une véritable égalité. Dans les chapitres suivants, nous examinerons les efforts en cours et les perspectives pour poursuivre cette quête de l'égalité entre les hommes et les femmes au travail.

Le passé nous permet de mieux comprendre qui nous sommes, d'où nous venons, à quelle terre nous appartenons. Les prochains chapitres vont nous révéler où nous allons.

LES PIONNIÈRES

Une des premières questions que l'on pose aux enfants, filles ou garçons est la suivante : à qui veux-tu ressembler quand tu seras grand ?

Qui est ton héros ?
Qui est ton modèle ?

L'importance d'avoir un modèle est la capacité à transposer sa vie et ses ambitions à une réalité tangible. Les enfants aiment les pompiers et les policiers, tout d'abord car ce sont des métiers concrets dont ils ont déjà entendu parler, même petits, puis ce sont des métiers en lien avec l'autorité ou l'héroïsme, des valeurs qui parlent à de nombreux enfants.

En grandissant, on découvre un faisceau beaucoup plus large et nettement moins radical de métiers existants, de l'informatique en passant par la comptabilité ou le marketing. On grandit en traversant les années d'éducation en affinant ses convictions idéologiques et politiques. Puis nous nous réveillons un jour, adulte, où les héros de l'enfance ont disparu. Ces beaux jours nous semblent très loin, et nous ne pouvons qu'admirer nos semblables, par un déluge de critères qui nous est propre, ceux qui dédient leur vie à être des héros de l'ordinaire.

Parmi ces personnes, celles qui transgressent, qui construisent, qui tentent de demeurer incorruptibles face aux tentations de la société, demeurent nos préférées. Ces personnalités (Cousteau, l'Abbé Pierre), par leur charisme, leur action sociale ou leur aura pavent la vie des citoyens lambdas comme moi.

Examinons le rôle essentiel du leadership et de la représentation dans la promotion de l'égalité entre les hommes et les femmes au travail. Nous mettrons en évidence l'importance d'avoir des leaders inspirants et des modèles de réussite féminins pour encourager la participation des femmes dans tous les domaines professionnels. Nous explorerons des exemples de leaders qui ont contribué à l'avancement de l'égalité et qui continuent d'inspirer de nouvelles générations. Celles qui pavent la voie, patiemment, avec leur petit marteau.

L'importance du leadership inclusif

Un leadership inclusif est crucial pour favoriser l'égalité entre les hommes et les femmes. Les leaders qui reconnaissent la valeur des perspectives diverses et qui créent des environnements inclusifs favorisent une culture d'égalité et de respect mutuel. Ils encouragent la participation des femmes, remettent en question les stéréotypes de genre et promeuvent des pratiques équitables.

« Aujourd'hui, le leadership réside dans la façon de traiter les gens » disait Gandhi, et cela se ressent dans les différents classements sur les personnalités préférées des citoyens. En France, et même si nous avons encore la nostalgie des grands leaders (Napoléon, François 1er), nous mettons plus souvent en avant les actions sociales, qui ont parfois tendance à manquer devant un système sclérosé : en témoignent l'amour encore inconditionnel des Français pour l'Abbé Pierre ou Coluche.
L'émergence d'une classe de leaders féminins du fait du monde érige souvent l'action sociale et égalitaire comme un principe de base, et reçoit un grand plébiscite de part de l'opinion publique. Le nombre de leaders féminins, de tous bords, marque cependant la forte politisation du mouvement féminin, voulu ou subit. Georgia Meloni ou Marine Le Pen ne sont pas spécialement de ferventes actrices du mouvement féministe, étant donné leur éducation ou leur base politique. Il n'empêche que leurs parcours restent des marqueurs forts de l'arrivée en politique de femmes dirigeantes, ce coup-ci d'extrême droite. Une des femmes précurseurs des exemples dirigeants est Angela Merkel, l'iconique chancelière allemande, élue en 2005 et dont la longévité aura été un exemple de stabilité sur l'ensemble d'une zone euro souvent fragmentée.

Angela Merkel : Une figure emblématique

Angela Merkel, ancienne chancelière allemande, est un exemple inspirant de leadership féminin. Elle a été la première femme à occuper ce poste en Allemagne et a joué un rôle clé dans la politique européenne. Son leadership a été marqué par son engagement en faveur de l'égalité des sexes, sa résilience et sa capacité à prendre des décisions éclairées.

Elle a ouvert la voie à de nombreuses femmes dans la sphère politique et notamment en Allemagne comme Annalena Baerbock, Christiane Benner ou Malu Dreyer.

De beaucoup la connaissent comme la *Mutti* allemande (maman en allemand), sainte patronne de la stabilité du pays, face aux nombreuses turbulences, main de fer dans un gant de velours, passé maître dans l'art de la politique de boudoirs, elle a hissé et consolidé l'Allemagne dans sa place de leader européen, ouvrant la voie à une véritable coopération franco-allemande, mais en s'ouvrant également à un plus grand marché commun, toujours dans l'intérêt de ses concitoyens.

Pour comprendre un personnage aussi ancré dans la politique allemande, il faut mettre en avant cette adoration que nous avions, nous, Français, pour les dinosaures : ceux qui avaient connu de près ou de loin la Seconde Guerre mondiale, la Guerre d'Algérie ou l'Indochine, périodes qui nous semblent définitivement d'un autre siècle. Cette vapeur des temps anciens où le Général de Gaulle, Clémenceau et Chirac se côtoient.

L'histoire, c'est la clé de la compréhension.

Quant à son histoire, Angela Merkel, elle, grandit dans l'ancienne Allemagne de l'Est (RDA) où elle obtient un doctorat de science de la physique de l'Université de Leipzig. Le choc de la chute du mur et la fin de la bipolarité vont profondément marquer sa politique interne et externe (« *Angela Merkel : Eine politische Biografie* », Wolfgang Stock, 2005).

Personnalité discrète, arrivée tardivement en politique, elle demeure un symbole de discrétion et de stabilité, comme nos amis allemands savent les apprécier. Une volonté du compromis sur certaines thématiques, et une volonté de fer sur la rigueur économique, imposée au « mauvais élève grec », qui se montrera finalement très contre-productif, mais qui aura au moins l'effet positif à court terme de dissuader tout autre pays de frauder la zone euro. Fortement attachée à la méritocratie et à au développement économique des zones moins privilégiées, comme a pu l'être l'ancienne RDA, elle se méfie néanmoins de l'appât communiste avec lequel elle apprend à composer, parlant couramment russe et suscitant l'admiration des dirigeants russes et notamment de Vladimir Poutine.

Merkel représente également l'unité allemande, le pragmatisme et la discrétion d'une dirigeante devenue femme la plus puissante du monde en quelques années. De ses écrits sur l'avenir écologique de la terre ou de l'unité allemande, en ressort un besoin d'émanciper le pays comme porteur d'une flamme européenne plus raisonnée, plus « austère » selon certains, mais qui visera à une union transnationale salvatrice pour perdurer, pour continuer d'exister dans le concert des nations.

L'ancienne chancelière allemande a été marquée par la réunification des deux Allemagnes, celle de l'ouest, riche, pérenne, et celle de l'est, agricole, pauvre, sous la coupole communiste.

Ce drame d'un pays coupé en deux pendant 45 ans, dont les cicatrices recousues mettront du temps à s'estomper, et sa mandature, succédant à celle de l'iconique Gerhard Schröder, qui, à partir de 1998 à relancer la machine nationale, à grands coups de libéralisme et de protectionnisme. Sa mandature est pourtant marquée par un élan encore plus prononcé par le ce pays, central dans les échanges, grand de 80 millions d'habitants, besogneux et pragmatique. L'Allemagne voit son PIB croître en presque 20 ans, passant de 2 847 milliards d'euros (2005) à 4 260 milliards (2022). Elle a presque comblé son retard sur le Japon qui possédait un PIB de 4 830 milliards en 2005, et a mis sérieusement la France dans le rétroviseur, avec un PIB avoisinant désormais les 3 000 milliards (2022).

Une foi sans faille dans la force de ses très grandes entreprises (Bosch, BASF, Volkswagen, Mercedes), mais surtout dans la capacité de son réseau de Mittelstand (l'équivalent des PME) à se structurer et à ouvrir leurs produits aux marchés mondiaux, Merkel aura également été un VRP consciencieux de l'excellence allemande.

Ce relais de croissance en Allemagne est une véritable force : à titre de comparaison, ces « PME » emploient 4 fois plus de personnes qu'en France, pour une création brute d'un million d'emplois depuis la réunification (CAIRN, 2021).

Parmi elles, il existe 4 400 entreprises dont le chiffre d'affaires se situe entre 50 mi — € et 4 milliards d'euros, ce qui est énorme compare à la France (presque 3 fois moins).

Une vision claire, dépouillée de toute fioriture et à la justesse glaçante, voilà ce qu'était Angela Merkel : une femme qui avait compris l'importance de l'Europe, mais aussi de ménager l'ensemble des interlocuteurs internationaux, car les amis d'un jour peuvent se retrouver de l'autre côté des tranchées, et c'est ce qui s'est passé avec Vladimir Poutine après l'invasion de l'Ukraine en février 2022.

« Il y a des hommes et des femmes éclairés, en France et en Allemagne, qui ont dit que des pays qui ont la même monnaie ne s'enfermeront plus jamais dans les mêmes querelles ».

Cette citation, loin d'être la plus célèbre de Merkel, montre à quel point elle avait saisi les enjeux de la construction européenne, et que la place centrale de l'Allemagne lui servait aussi parfois de catalyseur des nationalismes, comme ils ont pu vite se développer en Pologne ou en Hongrie.

Passée l'utopie et la référence à Jean Monnet et Konrad Adenauer, fervents europhiles, elle place son pays sur l'échiquier politique avec brio et nuance, faisant très souvent oublier la femme pour simplement conserver la stature politique de dirigeante.

Une femme respectée dont l'empreinte marquera définitivement l'histoire.

Ginni Rometty : une leader emblématique au sein du tourbillon IBM

Ginni Rometty, ancienne PDG d'IBM, est un exemple de leader à succès dans le secteur technologique. Elle a dirigé l'entreprise d'informatique IBM et a œuvré afin de promouvoir la diversité et l'inclusion au sein de cette même organisation. Elle a encouragé la présence accrue des femmes dans les rôles de leadership et a défendu des politiques d'égalité salariale. Son influence a été marquante dans un domaine souvent dominé par les hommes.

Peut-être que ce nom ne vous parle pas, que les chefs d'entreprises qui vous marquent sont Whitney, Wolfe Herd, Rosalind Brewer ou Christine Lagarde, mais l'histoire de Ginni vaut définitivement le détour, et il fallait bien faire une sélection spécifique.

Pourquoi passons-nous alors à côté ? Tout simplement à cause de la couverture médiatique, beaucoup plus faible accordée aux femmes. Selon Global Citizen, les femmes représentent 20 % des sources citées lors des reportages.

Cela ne vous dit rien ? Lorsque l'on fait appel à un expert ou une « preuve d'autorité », vous verrez souvent un médecin, un architecte ou un *partner* d'une entreprise de conseil en costard cravate.

Lorsque l'on présente une startup ou une idée novatrice, en moyenne, 3 prises de paroles sont faites par des femmes pour 10 réalisées par des hommes.

En général, 24 % des choses lues ou entendues proviennent de femmes, hors météo.

Nous avons considéré la composante éducative, puis celle du « câblage intellectuel » différent, mais cela ne justifie pas que seulement ¼ des prises de paroles soient faites par des femmes, alors que le niveau de production littéraire, scientifique ou journalistique se situe autour de l'équilibre.

Avez-vous entendu parler de Whitney Wolfe Herd, du haut de ses 230 000 followers sur Instagram, c'est la plus jeune femme milliardaire de l'histoire.

Elle est devenue milliardaire (par la valorisation de ses stocks Bumble) à 31 ans, quand la plupart d'entre nous étaient encore bloqués dans une chambre d'hôtel à faire des slides. Elle a eu une couverture médiatique pendant 2 jours, et une couverture dans *Forbes*.

Pas étonnant donc que vous n'ayez que peu entendu parler de Ginni Rometty, une des femmes les plus influentes des vingt dernières années. Cette ingénieure de Northwestern a commencé sa carrière au sein des solutions techniques de General Motors à la fin des années 70, puis chez IBM où elle a œuvré pendant une dizaine d'années à l'émergence des solutions liées à la connectivité puis à Internet en général.

Un temps qui nous semble bien loin.

Alors comment grimpe-t-on l'échelon suivant ? C'est lors de l'intégration de *Monday* dans une nouvelle entité nommée *IBM Global Business Services* qu'elle dirige pendant une dizaine d'années, faisant d'elle un maillon crucial de la chaîne, entre la technique et la partie « conseil aux entreprises ».
Puis vint sa nomination en 2012 à la tête de IBM, faisant d'elle la première femme à diriger le conglomérat. Cette nomination a été assortie d'une note de Sam Palmisano, l'ancien CEO précisant que Ginni était nommée pour ses compétences et non pas juste parce que c'est une femme.

C'était il y a 11 ans.

N'oubliant pas d'où elle vient, Ginni met en place de nombreux comités pour l'intégration des femmes et notamment issues de backgrounds plus techniques comme le sien afin de progresser dans la hiérarchie IBM. Elle intègre également de nombreux boards et comités pour la représentation des femmes, leurs droits et leur meilleure implication dans les organes de décision (AIG, White House, JP Morgan), faisant d'elle l'une des 50 femmes les plus influentes du monde.
Si la critique publique est finalement unanime sur les bienfaits d'avoir une femme, technicienne par nature, engagée dans la cause féministe, les actionnaires eux vont fustiger sa gestion de l'entreprise, IBM passant de 104 milliards de $ de revenus à 73 milliards sous son mandat. C'est évidemment oublier les problématiques structurelles face auxquelles se trouvait l'entreprise, à ce moment de l'histoire, dépassée par de nombreuses entreprises technologiques, dépassée par l'éclosion

et l'accélération du modèle startup, on peut porter à son crédit un amortissement de la chute.

IBM est une entreprise fondée en 1911, qui a eu besoin de se réinventer et dont l'apport de sang neuf et d'une nouvelle vision a permis néanmoins de se consolider, demeurant une des entreprises pionnières du secteur, même après la période de COVID.

L'action de Rometty est à saluer, notamment auprès d'une grande génération de femmes ingénieures venues d'Inde, du Pakistan et des anciens pays du bloc russe, et qui voient en IBM une école de technicité et d'ouverture, dans laquelle il est possible de faire une carrière jusqu'en haut de l'échelle. Parfois, la magie opère jusqu'à la fin.

Emma Watson : le courage du griffon

Parfois le destin se penche sur votre berceau, et donne un tournant inattendu à votre carrière, tel un coup de baguette magique, et vous donne l'exposition médiatique et une voix à porter.

Mais si nous regardons a posteriori l'éblouissante carrière de la plus française des anglaises, celle-ci était moins évidente lorsqu'elle obtient son premier rôle pour la saga *Harry Potter* et qu'elle devienne une icône de classe mondiale, activiste et humaniste reconnue.

Dans son discours d'ouverture en tant qu'Ambassadrice et bienfaitrice des Nations Unies (UN Women Goodwill Ambassador, 2014), elle délivre un discours percutant sur l'ascension d'Emma Watson dans le personnage d'Hermione Granger, de la perception des médias jusqu'à son retrait temporaire de la scène en 2016, étouffée par la pression médiatique et par la perte de contrôle de sa propre image.

Imaginez-vous, une fille de 9 ans, avec une telle force de caractère qui est sélectionnée pour ce qui deviendra la série de films la plus iconique, la plus féérique, la plus rentable de l'histoire du cinéma (les huit films ont généré 9 milliards de dollars soit le PIB annuel du Rwanda).

Imaginez-vous un personnage si bien interprété qu'elle reçoit les louanges de toute la presse au point d'éclipser le personnage principal, Daniel Radcliffe (Harry), au point de pouvoir façonner ce personnage tel qu'elle souhaite et non tel que les producteurs l'ont décidé.

Imaginez un pays et une génération d'enfants qui grandissent avec Harry, Ron et Hermione comme meilleurs amis, qui les voient grandir, pousser vers l'adolescence et prendre conscience des maux que porte ce monde réel, lui aussi maudit.

« Les gens oublieront ce que tu as dit. Les gens oublieront ce que tu as fait. Mais ils n'oublieront pas ce que tu leur as fait ressentir ».

Cette phrase de Maya Angelou, activiste et poète noire est un éloge sublime au travail d'Emma Watson, qui aura fait ressentir dans ses films, qu'ils furent blockbusters ou indépendants, mais aussi dans son engagement, une sincérité touchante, mais surtout une volonté de faire, de réussir, de ne pas faire de compromis douteux, et enfin d'exposer la vérité, rien que la vérité.

Ce sont les mêmes personnes qui lui ont fait comprendre qu'elle ne devait pas être aussi dure, voire perfectionniste quand ses camarades acteurs l'étaient moins.

Ce sont les mêmes personnes qui ont vu une opportunité dans son adolescence de l'ériger en *teen model* et de faire pencher sa carrière vers une sexualisation de sa personne. Comment décrirait-on une personne comme Emma Watson de nos jours ?

Actrice et militante féministe, elle est une voix influente dans la promotion de l'égalité entre les hommes et les femmes jouant un rôle clé dans la campagne *HeForShe* des Nations Unies, appelant les hommes à s'engager activement dans la lutte pour l'égalité.

Son leadership s'appuie sur sa notoriété pour sensibiliser et mobiliser les gens autour des enjeux de genre et de l'égalité des sexes.

Plus personne ne s'intéresse à voir une actrice pour ce qu'elle n'est pas, mais s'intéresse à voir l'œuvre dépasser l'artiste.

Une ligne directrice claire, sincère et qui met en avant l'inacceptabilité des inégalités, quelles qu'elles fussent dans toutes les sociétés : on retrouve ici la partie française en elle : celle des lumières.

Enfin, c'est une des premières à clairement mettre en avant le besoin d'avoir des relais dans la sphère masculine : plus qu'une prise de conscience de la classe masculine, il s'agira plutôt d'avoir des hommes, influents, qui prennent un sujet qui n'est pas véritablement le leur à bras le corps, car ils sont récipiendaires de cette nouvelle école qui vient mettre l'égalité comme clé de voûte d'une nouvelle société.

Ainsi, tout le travail réalisé ces derniers mois, les interviews menées auprès de dirigeantes d'entreprises, de femmes politiques et de journalistes n'est que la face visible de l'iceberg : ce livre veut traduire de façon intelligible les barrières à franchir pour les hommes, dans leur propre intérêt, pour amener les femmes sur ce qui ressemblera à une véritable égalité le plus rapidement possible.

À la fin de la journée, « n'importe qui peut changer le monde, car ce sont les petites choses qui comptent » (Emma Watson, 2016)

Michelle Bachelet : Un engagement politique, au-delà de toutes frontières

Ce sont les petites choses qui comptent, ce sont les petites choses, qui cumulées, font naître des destinées, des histoires hors du commun.
Si l'histoire de Michelle Bachelet est intrinsèquement liée au Chili, elle porte des accents français comme nous aimons le rappeler de tous nos compatriotes qui ont un jour émigré. Les ancêtres français de Michelle Bachelet l'ont fait pour les bonnes raisons, pour que nous puissions apprécier le terroir et le vin chilien. Quel voyage depuis Chassagne-Montrachet (Bourgogne) jusqu'à Santiago, l'indomptable capitale chilienne ! Si le sang français coule dans ses veines, nul ne sait si sa force de combat, celle d'apporter la lumière dans un pays encore marqué par la violence et la dictature, provient de Descartes et Rousseau.
Michelle Bachelet, ancienne présidente du Chili et actuelle Haut-Commissaire des Nations Unies aux droits de l'homme, a montré l'importance du leadership politique dans la promotion de l'égalité. Elle a pris des mesures pour renforcer les droits des

femmes, lutter contre la violence de genre et promouvoir une plus grande représentation des femmes dans les sphères politiques et économiques. Son engagement en faveur de l'égalité des sexes a eu un impact significatif. Mais d'où proviennent une telle force de vivre, une volonté de fer, cette forteresse inexpugnable d'où seul espoir et puissance ressortent ?

Nous avons vu avec les exemples précédents plusieurs facettes du courage, du leadership, d'une capacité à briser les chaînes du destin à courber la flèche du temps : une vie scientifique en ancienne Allemagne de l'Est, la survie d'un géant de l'informatique condamné à l'oubli, un second rôle devenu porte-voix des minorités, les épreuves, quelles qu'elles fussent forge la destinée, incomparablement et invariablement.

L'histoire du Chili s'écrit nécessairement à l'ombre de l'histoire du gouvernement d'Augusto Pinochet et de ses atrocités, quand la tyrannie a surpassé la démocratie, et emprisonné, torturé et éliminé un nombre extraordinaire de personnes pour un pays de 10 millions d'habitants. L'histoire de ces desaparecidos, de la Villa Grimaldi sont autant d'horreurs comme seules les dictatures peuvent en raconter, et la famille Bachelet n'y échappera pas. Comme beaucoup, ils seront forcés de fuir le Chili vers des pays hôtes : pour la famille Bachelet, ce sera l'Allemagne.

Souvent, la petite histoire vient s'inscrire dans la grande, et permet de mieux comprendre les tenants et aboutissants, les sentiments et les actes associés de ce que veut nous raconter le fil du temps.

Dans le village où ma sœur a élevé sa famille habitaient un voisin chilien et sa femme : deux personnes âgées, adorables et accessibles.

Lui était un opposant politique de premier plan, proche de Salvador Allende, avait été retenu dans les geôles chiliennes, et avait dû s'enfuir aux États-Unis.

J'avais passé plusieurs après-midi à écouter les récits d'une vie absolument hors du commun, du combat pour la liberté et de l'exil. Dans cet exil, Antonio avait rencontré les figures emblématiques des années 70 et avait notamment longtemps partagé un appartement new-yorkais avec son ami Andy Warhol.

Fascinant témoignage, tel un livre d'histoire ouvert, poignant lorsqu'il s'agit d'évoquer la torture, les spoliations dont sa famille était victime, son interdiction de revenir dans son pays pendant près de 30 ans, sa vie reconstruite dans un pays qui n'était pas le sien. Ils étaient « quelqu'un » chez eux, ils ne sont plus personne à dix mille kilomètres d'ici.

Pour Michèle Bachelet, il fallait tout recommencer. Travailler dans un hôpital froid de Leipzig (encore Leipzig), valider son diplôme en attendant que son pays accepte une transition, ce qui arrivera en 1979, 10 ans avant que Pinochet soit destitué. Arrivée au Chili, son diplôme d'État n'est pas reconnu, elle doit donc repasser ses examens, ce qu'elle fait avec brio pour devenir chirurgienne. Chacune de ses demandes de postes ou de bourses lui est refusée, pour « raisons politiques », mais elle s'accroche.

La dictature sévit toujours dans son pays ?

Elle s'accroche à l'idéal de démocratie de justice sociale qu'elle chérit, et qui l'a conduit très souvent à travailler pour les autres, notamment pour les enfants et orphelins de guerre.
Si elle s'est très vite encartée auprès de partis progressistes, elle est souvent restée dans l'anonymat de la politique majeure de son pays. Arrivée avec des idées progressistes et novatrices aux rênes du ministère de la Santé, elle travaille à la surcharge et la prise en charge hospitalière, en appliquant le même pragmatisme qu'elle a pu observer chez ses amis allemands tout au long de ses études. Sa pugnacité et son courage en convainc plus d'un, avec en toile de fond, un combat pour les droits des femmes, dans un pays résolument machiste, patiemment construit, depuis plusieurs centaines d'années, sur le modèle colonial espagnol.

Un saut dans l'histoire (penser l'Amérique Latine, Marco Feeley) nous permet de comprendre comment la plupart des aristocraties dominantes se sont construites, au fur et à mesure d'empreinte coloniale et d'exportation de traditions très patriarcales. L'obsession de demeurer l'élite dominante, et donc de préserver ses privilèges, s'est donc faite contre toutes formes de minorités, femmes incluses. Le jeu des alliances entre les grandes familles chiliennes, les mariages arrangés et la consanguinité politique auront fini de former un clan totalement hermétique aux changements du monde.

Au début du XXe siècle, il y a 50 familles qui dirigent tout un pays, de la puissance politique aux entreprises nationales. Cette préservation du modèle se traduit notamment par une neutralité claire lors de la Seconde Guerre mondiale. Lorsque le Chili évolue dans le bon sens, il élit en 1965 Salvador Allende, un socialiste marxiste au pouvoir de ce pays de 8 millions d'habitants à l'époque.

Il faut imaginer l'opportunité incroyable que représente ce pays, plus grand que le Maroc, en matière de ressources et de contrôle stratégiques, des points de passage du commerce mondial. Alors forcément, un marxiste qui commence à nationaliser l'industrie du cuivre, du pétrole, de l'agroalimentaire, à vouloir créer une monnaie plus puissante, cela ne plaît ni aux élites ni aux partenaires privilégiés, notamment les Américains.

Ainsi, cette élite extrêmement traditionaliste, dont les sports favoris sont l'équitation et la politique, a fait son choix en nommant Pinochet au gouvernement, et a ainsi offert à son pays un âge noir d'une vingtaine d'années au cours duquel la place de la femme s'est fortement dégradée.

C'est dans cette atmosphère que se bat Michelle Bachelet et qu'elle met en place, dès 2002, une distribution gratuite de pilules contraceptives aux filles victimes d'abus sexuels, ce qui suscita un tollé à l'époque.

Ce combat pour la contraception gratuite poursuivie par Michelle Bachelet durera toute sa présidence. Elle qui souhaitait éviter les avortements illégaux (plus de 150.000 par an), dans un pays où la plupart des filles vivent pauvrement et sans accès à la contraception.

Cette décision a finalement été retoquée par le Conseil constitutionnel, qui y voyait un « droit à l'avortement gratuit », en 2008.

Il faudra attendre 2017 pour que ce pays très conservateur accepte l'IVG dans de rares cas, dont celui de viol, de non-viabilité ou de danger pour la vie de la mère.

Énième rebondissement, en 2022, les Chiliens ont dit non à l'inscription de l'IVG au sein de leur constitution, à 62 % : une élite conservatrice, nostalgique de la dictature, du pays fort, ancré dans ses valeurs se portant comme phare de la bien-pensance et du rigorisme.

Ainsi, malgré le passage remarqué d'une personnalité, d'une leader charismatique, le peuple a finalement reculé devant ses grands principes.

Une grande leader, Michelle Bachelet, première femme ministre de la défense, puis deux fois élue Présidente du Chili (2006-2018), rattrapée par des scandales politiques, comme seules les démocraties conservatrices peuvent en créer.

Une des femmes les plus puissantes du monde, de son continent, elle a réussi à appliquer une politique en accord avec son temps, en tentant de réconcilier l'irréconciliable, de plusieurs peuples qui pansent à la fois les blessures du colonialisme et de la dictature, elle a voulu donner sa voix. Portant une attention majeure aux causes humanitaires lors de son passage à l'ONU, elle sera finalement rattrapée par la désillusion du cas des Ouïghours, symbole malheureux de la politique comme piège complexe même pour les plus avertis : elle a été vertement critiquée pour ne pas avoir critiqué le gouvernement chinois eu égard des répressions faites aux minorités ethniques et religieuses.

Conclusion

Ce chapitre met en évidence l'importance du leadership et de la représentation dans la promotion de l'égalité entre les hommes et les femmes au travail.

Des leaders inspirantes telles qu'Angela Merkel, Ginni Rometty, Emma Watson et Michelle Bachelet ont montré que le leadership doit jouer un rôle clé dans la transformation des normes et des pratiques pour créer des environnements professionnels plus égalitaires.

Leur influence et leur exemple continuent d'inspirer de nouvelles générations de leaders à promouvoir l'égalité et à lutter contre les inégalités persistantes, malgré des situations dans lesquelles la nostalgie de l'ancien temps avait tendance à poindre le bout de son nez.

Elles sont devenues des icônes, d'une façon ou d'une autre, des ancres à proximité du rivage. S'engager demande résilience et courage, accepter les défaites et les erreurs, et repartir à la charge, continuellement.

« Comprendre ce qui est juste et ne pas le faire démontre l'absence de courage » (Confucius)

LA FAMILLE, CE NOYAU DE CIVILISATION

Nous quittons les rivages d'une vie professionnelle ou politique consacrée à la recherche de la légitimité et de ma postérité, dans des postes traditionnellement occupés par des hommes : c'est le combat de ce siècle pour les femmes.

La société a été construite comme cela, depuis son origine industrielle, et parfois même avant. Parfois même avant, notamment lorsqu'il s'agit du sacro-saint cadre familial, celui dans lequel les générations ont été élevées, laissant le travail de la maison aux femmes et aux esclaves.

Plongée dans l'histoire de la sémantique.

Une des premières origines du mot *familia* viendrait d'ailleurs de là : du mot osque *famel* (les Osques étaient un peuple primitif vivant dans l'actuelle Italie).

Le serviteur, celui qui occupe l'espace dans une maison et qui s'occupe des tâches serviles.

Cette vérité a été longuement débattue, et le résultat le plus correct se dirigerait peut-être plus vers « famulus », dérivant lui-même des premières langues indo-européennes *famo*s qui veut dire *le foyer*, là où des gens d'une même famille se rassemblent, sous un même toit.

Cette définition semble bien correspondre à la réalité historique de la sédentarisation des peuples nomades venus de Mésopotamie pour rejoindre les plaines fertiles du Pô et de la région de Rome.

On retrouvera même des inscriptions similaires, avec des noms de famille et des professions au cœur des cendres de Pompéi, preuve que le foyer était un marqueur social fort, c'est lui qui abritait une famille, dans laquelle l'homme souvent portait la caractéristique économique par son travail (soldat, politicien, patricien, marchand).

Pendant ce temps, les femmes de la classe moyenne romaine étaient cantonnées aux tâches familiales et domestiques, souvent aidées d'esclaves, ce qui était monnaie courante dans la Rome républicaine puis impériale.

Les femmes à la gestion de la maison !

L'Empire, justement, avait bien compris l'importance d'élever les femmes dans leur condition sociale et avait donc mis en place plus de libertés pour les femmes, qui pouvaient exercer de nombreuses professions, que ce soit dans l'éducation, la politique ou la philosophie.

À cette époque, l'Empire comptait déjà des femmes notoires, dont les célèbres Cornelia Africana (fille de Scipion l'Africain, le vainqueur d'Hannibal Barca) ou Hypatie d'Alexandrie, une des philosophes néoplatoniciennes les plus connues de son époque.

Mais s'élever, dans sa condition, pour faire quoi ?

Les femmes, même si elles ont souvent semblé s'en approcher, n'ont jamais véritablement été l'égal de l'homme aux yeux de la société.

La place de la femme au sein du foyer a finalement peu évolué au fur et à mesure des siècles, depuis l'époque des chasseurs-cueilleurs jusqu'à la révolution industrielle : leurs tâches principales étant celle d'assurer l'entretien du foyer, l'éducation des enfants et de l'intendance.

Mais la considération et le contrat social mis en place entre les deux genres tendaient à égaliser cette relation une fois le palier de la porte franchi : l'un ramenait le pain à la maison, l'autre prenait le temps de l'éducation et de la cuisine, ce qui dénotait néanmoins d'une éducation soignée réalisée auprès de leurs progénitures par les femmes, souvent par le canal religieux (couvents, sœurs).

De cela est donc née la notion de « famille », outil de rassemblement du foyer, autour des enfants, mais également des esclaves et des liens du sang (grands-parents, cousins, neveux, nièces), symbole d'une connexion indéfectible, dans le sang certes, mais aussi sous une même éducation, de mêmes valeurs, ce que l'on appelle communément *la maison,* notion présente au sein de l'Empire romain, mais également dans de nombreuses cités grecques.

Tous ceux qui contreviennent aux règles de la maison étaient donc excommuniés et s'en allaient de la cité fonder leur propre maison.

Ainsi avions-nous des vagues de *métèques* : ces étrangers d'autres cités grecques qui venaient avec leur éducation, leurs philosophies et leurs coutumes dans des villes plus grandes, plus accueillantes, rêvant d'un destin autre.

Ainsi est née *Massalia*, foyer d'innombrables civilisations au cours des siècles.

Dans chaque chapitre d'aventures, il faut un socle stable et solide sur lequel le héros va construire son histoire et ses croyances. Comme Harry, pour qui les amis et la famille sont des valeurs cardinales sur lesquelles il va appuyer sa lutte contre le Mal.

C'est à cela que sert la cellule sociale familiale : prodiguer un socle confiant, tangible et continu de valeurs et d'actions codifiées, qui permettent aux pèlerins et explorateurs de se sentir un peu chez eux.

C'est exactement le même schéma avec les aventuriers modernes que nous sommes, en quête d'un phare et d'une lumière au bout du port.

Abordons la question cruciale de l'équilibre entre le travail et la vie personnelle, qui joue un rôle essentiel dans la promotion de l'égalité entre les hommes et les femmes.

Examinons les défis auxquels sont confrontés les individus pour concilier leurs responsabilités professionnelles et leurs engagements personnels.

Évaluons ainsi les initiatives et les politiques mises en place pour soutenir un meilleur équilibre. Enfin, explorons les avantages d'un équilibre travail-vie personnelle pour les individus, les familles et les organisations.

Les défis de la conciliation

La conciliation entre le travail et la vie personnelle peut représenter un défi majeur pour de nombreuses personnes et nous savons que cela peut entraîner des répercussions sur la santé, le bien-être et la satisfaction globale.

Nous avons vu que la notion même de foyer avait finalement peu évoluée au fil des siècles, et l'on remarque que la montée en puissance de la place de la femme vient redessiner les contours du foyer et de la notion de famille elle-même.

En nous appuyant notamment sur les travaux de l'auteure américaine Joan C Williams (Unbending Gender : Why Family and Work Conflict and What To Do About it, 2000), nous cherchons à comprendre ce que la conciliation elle-même veut dire.

Dans ses écrits, Williams précise notamment que la balance qui maintient en équilibre la cohésion du foyer doit s'aligner sur deux faits de société qui doit évoluer, et non un seul.

Premièrement, la femme doit sortir du schéma dans lequel elle n'est cantonnée qu'a un rôle de gestionnaire du foyer, en charge de l'intendance et de l'éducation des enfants, pour devenir plus, pour devenir ce que la société peut objectivement lui proposer. Cet accouchement doit naître à la fois de mouvements d'ampleur de la part des femmes, mais aussi d'un combat mené par les hommes pour les femmes.

Ensuite, les hommes doivent sortir du carcan très schématique de *breadwinner* (gagneur de pain), à savoir celui qui ramène la nourriture à la table, car la société est constituée de telle sorte que de nombreux schémas coexistent sans heurts, contrairement à l'époque de la chasse où les résultats demeurent relativement binaires puisque c'étaient les hommes, plus forts, plus endurants, qui allaient chasser.

Cette configuration, justement énoncée par Williams, se nomme la conciliation : la capacité des deux genres cohabitants à trouver un nouvel équilibre, une bascule des rôles, sans dénaturer le symbole de la famille. Souvenez-vous, ce qui rapproche les gens de même sang, mais surtout de mêmes valeurs, de mêmes croyances. Or, la notion de famille est nécessairement perçue de façon double : à l'intérieur du foyer, mais également aux yeux de la société, et cette conciliation nouvelle donne donc droit à un nouveau storytelling, un nouveau phrasé et un jeu de codes différent.

Un des premiers défis pour les femmes dans ce nouvel espace de jeu est l'élément de preuve : les femmes doivent prouver deux fois plus.

Oui, elles doivent prouver deux fois plus, car elles doivent prouver deux fois.

Elles doivent expliquer pourquoi elles s'arrogent le droit de sortir du foyer pour mener une carrière, mais elles doivent également le prouver à la société, à leur famille, aux autres femmes et bien sûr aux hommes.

Dans ce cas présent, la pression sociale se ressent plus par celle de ses propres pairs que par les hommes eux-mêmes. Les femmes peuvent donc être un poison entre elles.

Le second défi, c'est celui de performer au travail. C'est d'obtenir une réussite au travail, et quand bien même cette réussite se présentait, des codes de réussite existent.

Les femmes se mettent la pression pour constamment prouver qu'elles ont leur place, qu'elles sont légitimes, qu'elles peuvent faire mieux.

Et c'est ici un des premiers défis de la conciliation : un défi psychologique fort, une chape de plomb au-dessus des femmes, qui ressent la pression à venir de toutes parts.

Les 3 autres défis mentionnés par Williams expliquent également pourquoi le foyer devient une source conflictuelle plus forte : l'équilibre entre masculin et féminin sur le lieu de travail, la capacité des mères à trouver un équilibre vie privée — vie professionnelle et enfin le ressentiment des femmes envers d'autres femmes pour résoudre ce type de problématiques.

Si la question de l'équilibre se pose bien entre hommes et femmes, la pression vient également des autres femmes, de toutes les autres catégories : celles qui ne sont pas féministes, celles qui préfèrent rester célibataires, etc.

Concilier toutes ces problématiques, furent-elles mises en lumière, montre encore une fois la grande difficulté à se comprendre, à parler le même langage, et parfois admettre qu'on puisse jouer sur le même terrain avec des règles légèrement différentes. Le féminisme n'est pas que l'affaire des femmes dans un monde d'hommes, mais bien des femmes dans l'univers tout entier.

Les avantages d'un équilibre travail-vie personnelle

Un équilibre de travail-vie personnelle saine présente de nombreux avantages tant pour les individus que pour les organisations.
Cet équilibre permet de réduire le stress, de favoriser une meilleure santé physique et mentale, d'améliorer la productivité et la créativité, ainsi que de renforcer les relations familiales et sociales.
C'est donc la promesse d'une entreprise qui fonctionne, mais également d'un couple fonctionnel et d'un épanouissement intellectuel individuel.

Nous en revenons ainsi aux principes fondateurs de Maslow, qui même s'ils sont dépassés, montrent qu'une fois les besoins de base solidifiée, l'équilibre entre la vie professionnelle et la vie privée sont un point majeur d'accomplissement, et ce peu importe le genre. Abraham Maslow est un sociologue américain qui décrit les besoins d'accomplissement des êtres humains sous forme de pyramide, des plus élémentaires (la base) jusqu'aux besoins de reconnaissance humaine et de confort (le point culminant de la pyramide).

L'équilibre du couple et du foyer est donc une pièce centrale du processus de réflexion, et les femmes ne sont pas les seules à décider. Les sondages montrent que 15 % des hommes avouent avoir refusé une promotion à cause du risque lié à un trop grand n de leur équilibre de vie.
Dans l'étude réalisée par Generali (2019), pour mieux qualifier ce qui motivait les employés dans le choix d'un job était la distance, la flexibilité et le coaching
Une nouvelle étude, elle, parue en 2023, montre que le télétravail et la capacité à « déconnecter » tôt étaient franchement mis en avant par les employés.

La crise de la COVID-19 a été un véritable révélateur du travail à distance et ses nombreuses limites.

Je l'évoquais dans mon précédent ouvrage : le télétravail ne saurait perdurer, sauf sous une forme temporaire, à savoir occasionnellement, pour dépanner, ou pour se reposer.

En effet, il me semble impossible de construire une identité d'équipe, un attachement à l'entreprise et à ses valeurs, tout cela, à distance, là où tout devient interchangeable.

Dans son étude de 2021 sur le télétravail, l'IFPEB ne parvient pas à prouver la totale supériorité du modèle, et ce pour plusieurs bonnes raisons : les employés ont toujours besoin de s'identifier à une équipe et à un projet, certains aiment se retrouver, apprécier le temps du voyage, et surtout couper avec le chez-soi. L'entreprise en présentiel n'est donc pas morte, contrairement à ce que l'on a voulu nous faire croire en 2021.

En effet, 2 ans après la fin du confinement généralisé, beaucoup d'employés se déclarent heureux d'être retournés sur leur lieu de travail afin de couper avec la monotonie de leur environnement personnel.

Chez soi, cela symbolise le privé, le repos, les tâches ménagères équitablement partagées avec son ou sa conjointe. Cet équilibre, largement mis en avant dans les études, montre le besoin de repos, de se ressourcer, de s'adonner à des passions annexes, et les entreprises qui permettent ce temps précieux aux collaborateurs tapent juste puisque 52 % des candidats déclarent être plus attachés et engagés dans leur travail grâce à cet équilibre.

De l'autre côté, les entreprises récupèrent des candidats plus sains, moins enclins à la dépression ou au burn-out, des candidats plus créatifs et capables d'aller plus loin dans leur travail, le fameux dépassement de fonction si cher à Fabien Galthié.

Les entreprises récupèrent également des femmes qui se sentent mieux considérées et mieux intégrées au sein de l'échiquier de l'entreprise. Le couple, ciment du foyer et de l'antre familial en ressort forcément renforcé, et la pression sociale qui tendait également à peser sur les hommes tendent à se diminuer. C'est donc un environnement plus sain dans lequel évoluent les enfants au sein du foyer. C'est un point cardinal de la structure familiale qui est ici mis en exergue. Nous l'avons précédemment observé avec la notion de mariage, qui en réalité symbolise l'union et la coexistence au sein d'un foyer, d'un « famos », de deux êtres pour consolider une famille et donner le cadre le plus propice au développement personnel d'abord, puis au développement d'enfants. Et si le nombre de mariages diminue stricto sensu, le nombre de PACS augmente pour emmener les unions à un niveau supérieur à celui de 1946, ce qui montre qu'en réalité, seule l'union compte, sans pour autant galvauder la notion de mariage. Et si beaucoup d'études elles aussi ont été réalisées sur le mariage face au célibat, les seuls apports scientifiquement prouvés sont en lien avec une meilleure santé et une meilleure espérance de vie pour les gens partageant un foyer, le feu de l'âtre, la passion.

« Le mariage, c'est la volonté de créer, à deux, l'unique » (Nietzsche)

Les politiques de flexibilité

Pour créer l'unique, il fallut donc créer les conditions d'équilibre entre travail et vie privée, mais il fallut également donner plus de flexibilité dans une organisation scientifique du travail, qui, si pensée 2 siècles plus tôt, avait surtout été pensée par des hommes et pour des hommes.

Les politiques de flexibilité au travail sont des initiatives clés pour promouvoir un meilleur équilibre entre le travail et la vie personnelle et elles n'ont été conscientisées par les ressources humaines et dirigeantes des entreprises que tard dans l'histoire des entreprises. Il faut remonter relativement tôt dans l'histoire du management, et notamment sous la férule des syndicats pour voir l'instauration de durées de travail limitées (OIT, 1919) pour mieux se focaliser sur le bien-être au travail, car à l'époque, les blessures au travail étaient surtout physiques.

Il faut attendre 2017 et la « loi sur la déconnexion » afin de permettre aux employés de grandes entreprises (plus de 50 personnes) un droit à déconnexion, à ne pas répondre ni recevoir de courriels a toutes les heures. Il s'agit d'un ensemble de règlements et d'avantages qui permettent d'avoir plus de flexibilité dans la vie quotidienne et qui sont de vraies améliorations pour 83 % de nos répondants. Une préférence demeure pour les horaires de bureaux raccourcis, les horaires de réunions raccourcies et les politiques plus parentales, à savoir le congé paternité allongé et la compensation des pertes en cas de maladie longue.

Les initiatives d'aménagement du temps de travail, telles que la réduction du temps de travail et les horaires comprimés, visent à favoriser un meilleur équilibre entre le travail et la vie personnelle. Ces initiatives vont dans la continuité des politiques de flexibilité proposées aux employés pour mieux se sentir au travail. Si chez Flixbus, j'avais dû agir sous la contrainte, dans les entreprises que j'ai pu diriger ensuite, j'avais compris que l'autogestion ne fonctionnerait pas et que la flexibilité et les gestes de bon vouloir se méritaient pour les employés, qui s'ils méritent doivent demeurer nécessaire pour conserver une efficacité au travail. En période de forte croissance, les acquis sociaux se sont souvent faits afin de permettre aux familles de profiter de leur temps libre, et ont surtout permis un équilibre plus clair entre les deux faces de leur monde.

Si nous reprenons les acquis sociaux majeurs, ils se sont construits pendant les *Trentes Glorieuses*, à coup de boutoir de la classe ouvrière afin de sécuriser de meilleures conditions de vie, à commencer par les congés payés (1936), la Sécurité sociale (1945), la réduction du temps de travail (1950) ou encore l'augmentation des salaires.

Nous avons encore en tête l'iconique photo prise de Jean-Paul Sartre devant l'usine Renault de Boulogne-Billancourt (oui, il existait une usine Renault à l'époque en banlieue parisienne). Les ouvriers s'étaient massés devant l'usine pendant plusieurs jours afin de réclamer de meilleures conditions de travail, que ce soit en termes d'horaires ou de salaires.

Dans son article, « La Rage de vivre », Sartre dénonce les conditions inhumaines dans lesquelles sont employés ces ouvriers, mais il y fustige également les philosophes et autres sociologues très vites prompts à prendre la plume, mais à souvent laisser l'épée dans leurs fourreaux.

Sa célèbre citation, « l'homme est à inventer chaque jour » se révèle toujours vraie, plus d'un demi-siècle après. Les conditions de travail de l'homme changent, mais les inégalités persistent, et si personne ne se bat pour elles, rien ne changera. De surcroît, ce ne sera pas l'apport de lettrés, discutant de sujets mondains dans leurs boudoirs feutrés qui changeront la situation des « vraies gens », ceux dont l'odeur de pauvreté ne reflue pas sur le lisse pavé parisien.

Proposer une voie de sortie, une capacité à mieux s'organiser et pour finir, de laisser une chance au foyer d'avoir un lien entre travail et vie de famille, c'est également cela la politique du juste milieu.

La culture d'entreprise favorable à l'équilibre

Cette politique de l'équilibre, de la justesse s'accompagne nécessairement d'une culture d'entreprise qui valorise les conditions adéquates de travail, permettant l'éclosion de ses employés, par le travail, mais aussi par les heures passées en dehors.

Les organisations peuvent favoriser cette culture en encourageant des politiques d'horaires de travail raisonnables, en décourageant les heures supplémentaires excessives, en promouvant une communication ouverte sur les besoins personnels et en soutenant les initiatives d'autosoins et de bien-être.

Une telle culture permet de créer un environnement propice à l'équilibre et à la satisfaction professionnelle.

« Si nous prenons soin de nos employés, ils prennent soin de notre entreprise »

Il est des patrons d'entreprises qu'il est difficile de ne pas admirer, comme Sir Richard Branson, le mythique fondateur de Virgin.

Invétéré aventurier, avec la passion de la découverte et de la nouveauté, cet homme incarne à la fois parfaitement l'audace, la résilience et la capacité à se transcender pour aller au-delà de l'existant, des limites.

Connu pour son amour des autres et sa capacité à construire son entreprise telle une famille, il n'en reste pas moins un entrepreneur intrépide : au lancement de sa maison de disques,

Virgin Records, en 1972, il signe alors un artiste complètement inconnu au bataillon, dont la musique pour le moins extravagante, faite de pianos et de bruits déformés, détonne dans un monde rock et grunge en pleine ébullition.

Le succès commercial exceptionnel de Tubular Bells (dont la musique du terrifiant L'Exorciste de William Friedkin, 1973) et du tout jeune Mike Oldfield signe également le premier pari réussi de Sir Branson.

Cet opéra rock tout à fait spécial, fait par un jeune homme de 19 ans, se vendra à 17 millions d'exemplaires et fera 9 fois disque de platine au Royaume-Uni.

Cette audace, cette « grinta », c'est ce qui a toujours animé Branson, que ce soit dans la construction de son conglomérat, des voyages aux avions, rien n'échappera à la galaxie Virgin, avec toujours en filigrane une seule idée : aller plus loin, repousser les frontières, explorer sans cesse.

Cette grinta, c'est aussi celle des records, que ce soit de la traversée en bateau, en avion voire en navette spatiale, Branson n'a de cesse de s'émerveiller, de faire mieux et plus vite.

En 2021, il devient le premier passager commercial à réaliser un vol suborbital à bord de l'un de ses vaisseaux spatiaux.

Depuis près de 20 ans, Richard Branson explore les façons les plus intelligentes de motiver l'ensemble de ses collaborateurs (environ 70 000 partout dans le monde), de les faire avancer sous une même bannière et de les conserver dans un environnement compétitif.

Auteur du livre « The Virgin Way : If It's Not Fun, It's Not Worth Doing » (2014), il y explique qu'une des clés du succès est de pouvoir proposer un maximum de flexibilité aux employés, surtout ceux pour qui il s'agit d'un job alimentaire, afin de les maintenir motivés et engagés pour leur entreprise.

Dans les idées mises en place relativement tôt (dès 2015) chez Virgin Group, l'idée du travail flexible et distanciel demeure un précurseur. En effet, Branson constate que 43 % de ses employés travaillent à distance quoi qu'il arrive, notamment les cadres (dans les aéroports, à domicile le soir) et que proposer cette flexibilité, même temporaire, permet aux familles avec enfants de mieux s'en occuper le mercredi, d'aller à des rendez-vous médicaux ou de s'occuper de certaines tâches administratives, et pour finir, de rendre les employés plus fidèles à une marque qui tente de prendre soin d'eux.

Et il fait de même avec la durée de travail et les congés, afin de pouvoir proposer une réduction de travail (un jour en moins, 90 % du salaire) ou des congés illimités afin de permettre aux employés de souffler quand ils le jugent nécessaire. La vie est une étape de montagne dans le Tour de France et il est parfois nécessaire de s'arrêter un peu, pour prendre du recul, respirer, parfois couper du travail et s'offrir un chapitre d'aventures en partant en vacances, que ce soit dans l'un des resorts du groupe Virgin ou ailleurs : c'était cela la philosophie de cet entrepreneur explorateur et humaniste, qui a transmis sa passion des défis et des hommes à sa fille Holly, désormais en charge de la « Purpose and Vision » : du but et de la vision que l'on se fait d'une entreprise, pour elle et pour ses employés.

Et les Bransons ne s'y trompent pas : une enquête Glassdoor, menée en 2019, démontre toute l'importance de la culture d'entreprise pour l'ensemble des salariés puisque 77 % déclarent que la culture d'entreprise est plus importante que le salaire, et que les valeurs et les missions déclarées par l'entreprise doivent transparaître dans les actions mises en place. Dans cette enquête, 73 % des Millenials déclarent qu'ils ne postuleront jamais dans une entreprise dont les valeurs sont contraires aux leurs (pétrole, chimie, forage, grande consommation). Il s'agit donc ici de dissocier le publicitaire de la réalité, le *greenwashing* des actions concrètes établies et mises en place.

Au cours de mes expériences de direction d'entreprises, et des nombreux forums étudiants écumés, la question m'est arrivée dans plus de 80 % des entretiens.

Dans le cadre de certaines entreprises, la mission sociale et écologique est tellement ancrée dans l'ADN de l'entreprise que c'est presque plus simple à vendre, mais pour le reste, c'est souvent le premier point de négociation des futurs employés.
C'est ici le rôle de leader : il faut s'engager, et pas seulement sur les photos, dans les magazines ou dans les articles de presse, mais

dans la vraie vie. C'est pour cela que nous avons travaillé près de 18 mois sur un livre blanc de l'inclusion et de la diversité dans les transports, et que l'action d'évangélisation que nous menons est un travail quotidien auprès des grandes entreprises, des startups, des PME et des associations avec lesquelles nous collaborons. Il m'est vite apparu que la différence que l'entreprise pourrait faire dans son approche, la façon dont elle est perçue et dans ses recrutements se ferait également au travers d'une culture d'entreprise forte, des croyances et d'actes marquants.

En effet, il est difficile d'aller concurrencer des grandes boutiques existantes depuis des centaines d'années et de s'inventer une culture d'entreprise forte et connue. En revanche, mettre en avant une composante sociale, entrepreneuriale et environnementale, l'incarner et la faire ruisseler au travers des employés de l'entreprise était une solution trouvée pour faire perdurer l'âme de l'entreprise.

De notre expérience (Flixbus, EasyPark, Troopy), l'attachement à une équipe proche, mais aussi à des valeurs sociales et environnementales qui permettent aux gens de s'identifier et de mieux s'investir pour l'entreprise. C'est également l'endroit idoine pour tester des avancées sociales, qui, à l'échelle d'une entreprise, peuvent s'avérer décisives. Parmi les choix que l'équipe dirigeante et moi-même avions privilégiés, il y avait évidemment la flexibilité du travail, dans une certaine mesure, afin de permettre d'offrir un véritable sas de décompression aux employés, au moins une fois par semaine.

Côté direction, nous avons également opté pour une approche la plus transparente des interactions et de la gestion des hommes, avec notamment une grille salariale claire et expliquée, pour éviter toute inégalité et une clarté dans les recrutements. Idem pour la gestion des conflits, des augmentations ou des promotions : la transparence et le retour de plusieurs personnes, afin d'être sûrs de faire le bon choix, de laisser sa chance à chaque employé, d'aller plus haut ou juste de progresser.

Ces quelques éléments de réflexion nous ont montré que certaines pistes fonctionnent rapidement, mais la culture d'entreprise, elle, ne s'invente pas du jour au lendemain.

La culture d'entreprise est un atout important pour conserver les talents dans l'entreprise, les faire évoluer, mais également en faire des ambassadeurs en dehors des murs, et leur permettre un meilleur équilibre au sein du foyer familial : un employé engagé et heureux au travail rapportera cette énergie au sein de son foyer.

L'importance de l'autogestion

La culture d'entreprise, et dans sa continuité, l'instinct d'entrepreneur sont des valeurs, ancrées au plus profond de chacun de nous, et requièrent une attention, une volonté très particulière pour être expliqué et polies.

Dans l'étude de Glassdoor précédemment citée, la culture d'entreprise est définie par les répondants par la capacité qu'offre un emploi à avoir une finalité, à proposer des opportunités, de la réussite, de la reconnaissance et pour finir, du bien-être au travail. Côté employé, on comprend donc aisément que chaque emploi, aussi petit fût-il, doit pouvoir proposer une finalité, des possibilités d'évoluer, de s'épanouir et de bien se sentir au sein d'une entreprise qui prend soin de ses collaborateurs.

Mais côté entreprise, que recherchons-nous ?

Il s'agit évidemment d'un subtil mélange entre compétences techniques et humaines, un peu de savoir-faire, et parfois, un côté aventurier afin de casser certaines barrières, une capacité à suivre le plan et les ordres, et de faire preuve d'autonomie et d'autogestion : c'est cela le plus important.

L'autogestion joue un rôle clé dans la réalisation d'un équilibre travail-vie personnelle. Il s'agit de la capacité des individus à définir leurs priorités, à établir des limites, à gérer leur temps de manière efficace et à prendre soin d'eux-mêmes.

Pourquoi est-ce devenu si important ?

Si les études montrent à la fois que l'autogestion est une qualité importante pour évoluer (citée dans 70 % des cas), c'est également un des critères de management cible des nouvelles entreprises, afin de mieux se départir de l'entreprise familiale, qui a longtemps prévalu dans le monde du travail et dont le management « bon père de famille » fait de moins en moins recette.

Pour mieux comprendre pourquoi l'autogestion est une arme de vertu, il faut retracer la construction des entreprises depuis des siècles et leur évolution vers des places de marchés plus informelles, dont les valeurs ont dû se réinventer.

Lorsque l'on réinvente ses valeurs, il suffit de prendre ce qui fonctionnait jusqu'alors et d'en changer le titre, conservant par exemple un amour pour la famille et ses valeurs, ses combats et ses enjeux.

Les entreprises se sont construites, depuis le Moyen-Âge, autour de la famille, et celles qui ont su perdurer lors des révolutions industrielles successives ont pris de l'ampleur et employé des centaines voire des milliers d'ouvriers, en dehors du cercle familial (construction, armement, meubles) et ont donc dû regrouper les collaborateurs sous une même bannière. Cette bannière s'est évidemment étoffée avec la mise en place de régulations du travail, le droit au regroupement en syndicats, avec notamment la Loi Waldeck-Rousseau de 1884, permettant aux employés d'évoluer dans un cadre, qui même s'il se veut encore familial, est régi par des règles protectrices.

Ces évolutions sociales majeures vivent avec leur temps et le foyer qui étaient auparavant très codifiés, et où la femme n'avait de rôle que celui de l'intendance se voit donc offrir un nouveau destin, une nouvelle dimension sociale.

Le foyer a désormais accès aux nouveautés technologiques (eau courante, égouts, commerces) et l'entreprise s'assure de la santé, de jours de repos pour les employés.

C'est l'avènement des grandes entreprises industrielles françaises comme Schneider, Peugeot, Lafarge, Saint-Gobain ou encore la Société Générale, fondée en 1864 par 4 banquiers français pour soutenir le développement du pays comme puissance européenne.

Certaines femmes peuvent commencer à travailler dans des échoppes ou dans des Grands Magasins (« Au Bonheur des Dames », Zola, 1883). Le foyer évolue, et la femme prend une place plus importante au sein de la vie de l'entreprise, même lorsqu'elle n'y travaille pas directement.

L'arrivée de l'école obligatoire de Jules Ferry (1882), laïque et gratuite, pour tous les enfants de 6 à 13 ans, marque également un tournant dans la place de la femme au sein du foyer, puisque ni l'éducation ni l'intendance ne sont désormais exclusivement dévolues à la femme ou la gouvernante. Cela libère également du temps pour travailler, s'occuper, s'éduquer : cette évolution est majeure pour la femme dans sa capacité à s'autogérer, lui accordant une plus grande autonomie, autonomie dont elle fera bénéficier à ses employeurs, dans les métiers de la production, du textile, du commerce voir même de l'écriture. C'est la fin de l'entreprise familiale patriarcale où la femme n'est que le tribut transversal de la réussite de son mari, elle a désormais une place, petite certes, mais qui ne cessera de croître.

L'image de la famille rayonnante dans les veines de ce type d'entreprises évolue drastiquement au fur et à mesure que les femmes y prennent de l'importance, puisqu'elles ramènent également plus d'éléments sur ce qu'est un véritable foyer et comment allier vie privée et professionnelle.

Au fur et à mesure que les entreprises grandissent, avec l'hyper croissance mondiale, la place de la famille avec un grand « f » disparaît pour laisser la place à une famille plus discrète, un couple, des humains.

Ce détachement de la sacro-sainte famille va donc forcer une reconsidération de la famille et de ses valeurs. Terminée la « hype » des entreprises familiales, souvent régionales, au profit de nouveaux conglomérats, porteurs de valeurs neuves, dans lesquelles le nouveau foyer se retrouvera, et notamment la place de la femme.

Ces entreprises plus grandes, avec plus de responsabilités, mettent implicitement en avant l'autogestion dans les tâches du quotidien puisque les échelles de management sont beaucoup plus larges que dans les entreprises familiales que nous avons connu par le passé, où toutes les décisions étaient centralisées à la famille dirigeante, et les managers dénués de tout pouvoir de décision : ici, chaque strate possède son pouvoir propre et le nombre d'échelons jusqu'aux dirigeants est beaucoup plus élevé, ce qui fait que vous ne les rencontrez parfois jamais.

Le modèle des femmes dans les entreprises familiales est en réalité l'exemple sociologique le plus parlant.
Comme le révèle Dora Jurd de Girancourt dans son livre «« Femmes au cœur des entreprises familiales » *(Croisée des Chemins, 2021)*, elle prend exemple de la société marocaine, qui, à des biens des égards, est plus conservatrice que la France. Son exemple permet de montrer que ce sont ces entreprises en premier qui vont être changées durablement par l'arrivée massive de femmes dirigeantes, « prêtes à diriger », avec une très bonne éducation scolaire et des rôles modèles féminins très forts comme leurs mères ou leurs grand-mères.
Elles apportent une meilleure gestion de la perméabilité entre la vie privée et la vie professionnelle, et une meilleure osmose au sein du foyer. Elles apportent une approche plus transparente et plus claire dans la prise de décision, avec une propension plus large à l'autonomisation des équipes, faisant fit d'un quelconque micro-management.
Cette réalité, qui se situe donc dans la capacité managériale des femmes à atteindre des sommets, à évoluer en toute autonomie, est une réalité qui tend à émerger doucement dans de nombreuses sociétés pourtant conservatrices, et qui doit être aujourd'hui supportée par les nouvelles structures d'entreprises : les entreprises familiales qui donnent désormais le leadership aux femmes (Pauline Duval, Anne Lauvergeon, Emilie Viargues), mais également les très grandes entreprises, qui ont su drainer les talents au fur à mesure des décennies et qui doivent maintenant donner l'accès total au leadership pour les femmes (Catherine MacGregor, Christel Heydemann, Estelle Brachlianoff).

Conclusion

Ce chapitre a souligné l'importance de l'équilibre travail-vie personnelle dans la promotion de l'égalité entre les hommes et les femmes.

La conciliation entre le travail et la vie personnelle représente un défi majeur pour de nombreuses personnes, mais des initiatives et des politiques sont mises en place pour soutenir une amélioration de cet équilibre.

Les avantages d'un équilibre travail-vie personnelle sont multiples, tant pour les individus que pour les organisations.

Il est essentiel de promouvoir une culture d'entreprise favorable à l'équilibre, de mettre en place des politiques de flexibilité et de favoriser l'autogestion pour créer des environnements de travail plus équilibrés et épanouissants. 97 % des répondantes de notre questionnaire jugent que seule la structure d'entreprise peut offrir une place pérenne aux femmes au sein de la société dirigeante, et l'ensemble d'entre elles jugent que la structure idéale n'est de loin pas encore en place.

« Dans le futur, il n'y aura plus de femmes leaders, juste des leaders » (Sheryl Sandberg, ancien numéro 2 de Facebook)

EN FINIR AVEC LES STÉRÉOTYPES DE GENRES

Une des principales surprises de l'enquête terrain que nous avons pu réaliser était que les hommes et les femmes avaient les mêmes aspirations. Littéralement les mêmes !

Un véritable scoop !

Si comprendre comment les inégalités de genres ont pu se créer et l'impact encore résurgent de telles inégalités était chose aisée, il était cependant plus compliqué de comprendre pourquoi ces inégalités existaient encore ?

Nous comprenons que la première arme est et demeure la violence, le népotisme, l'exclusion du genre.
C'est une conséquence encore stigmatisante dans certains milieux, à toutes les échelles, et de toutes les manières puisque cette violence s'instaure de façon insidieuse, mal qui ne dit son nom.
Mais pourquoi faire perdurer un tel sexisme ? Surtout dans des configurations où les auteurs ont aussi un couple, une famille, une « famos » à nourrir, entretenir. C'est une question que j'ai posée à de nombreux tops managers et chefs d'entreprises qui plaident souvent coupables de mauvaise information ou de mauvaise habitude.
Cela en devenait presque bipolaire, « macho pendant les horaires d'ouverture du magasin ».
Mais la société a désormais pris conscience des méfaits et laisse de moins en moins de place à cette zone grise.
Revenons donc sur la question des stéréotypes de genre et leur impact sur l'égalité entre les hommes et les femmes. Examinons les initiatives mises en place en Europe, dans les médias, dans le sport et dans la culture pour lutter contre ces stéréotypes et promouvoir une vision plus égalitaire. Car finalement, la question principale est bien de savoir « pourquoi cela existe encore » ?

Vous les avez déjà croisés, vous en avez peut-être entendu parler ou peut-être même avez-vous rencontré certains de ses hérauts, parlant d'orientation par les couleurs ou le métier dès la maternelle, ou encore de « barbecue viriliste » ?
Quand bien même cela prête à sourire, c'est effectivement vrai. Ces personnes ont raison.

Il existe des stéréotypes de genres, qui s'inscrivent presque dans notre ADN et pour lesquels nous n'avons jamais combattu. Des stéréotypes avec lesquels nous avons construit une société qui aujourd'hui doit se regarder dans la glace et détricoter, patiemment.
Ces stéréotypes sont des constructions mentales qui font société, très souvent simplistes et généralisées, qui ont tendance à très vite catégoriser les genres, afin de créer une relation déséquilibrée, notamment entre les hommes et les femmes.

J'entends souvent dire que « c'était mieux avant » ou que l'on ne pourrait plus faire aujourd'hui les blagues que faisaient les Desproges, Bourvil et autres Ventura.
C'est peut-être vrai et la société a très certainement construit des bases solides autour des stéréotypes.

Oui, ces stéréotypes qui vous permettent de vous en sortir partout dans le monde, quand vous discutez avec des voyageurs d'autres horizons.
Combien de fois m'a-t-on fait la blague d'une bonne douche propre et d'une baguette, moi le français ?
Ces stéréotypes permettent de briser la glace, et plus nous les mettons sous contraintes, moins il y a pour finir de sujets de discussion.

Les stéréotypes de genre : définition et conséquences

Les stéréotypes de genre sont des croyances et des attentes socialement construites sur les comportements, les rôles et les traits associés aux hommes et aux femmes. Pour les générations qui succèdent à la mienne, cela doit sembler très ancien comme définition, comme façon de voir le monde, mais je fais encore partie de ces générations où les rôles traditionnels faisaient la société.

Combien de discussions ai-je eues avec ma grand-mère à ce sujet ? Avec ma mère, devenue mère au foyer pour nous élever ma sœur et moi ?

Tout cela est normal, surtout pour une famille nombreuse. Si les évolutions actuelles permettent de ne plus avoir ces choix à faire, ces évolutions se sont faites sur le dos de nombreuses générations qui ont permis une élévation sociale de leurs progénitures.

Une étude réalisée par Alternatives économiques montre que les plus de 60 ans déclarent à 38 % que les femmes devraient rester à la maison afin de s'occuper des enfants, contre 26 % en moyenne en France pour le reste de la population. On comprend donc que le progrès se fait au fur et à mesure des générations.

Ce qui est encore plus marquant, selon l'étude OIT-Gallups parue en 2017, c'est que 70 % des femmes et 66 % des hommes souhaitent que les femmes travaillent, et ce, qu'elles travaillent déjà ou non.

Ce que l'on doit comprendre ici, c'est que parfois les stéréotypes de genres n'existent que dans les pays où la femme a véritablement la possibilité de travailler. Paradoxale, je sais…

Dans des pays où l'intégration de la femme est inexistante (e. g Afghanistan), il n'y a pas de stéréotype puisque le genre est ignoré.

On voit enfin que 27 % des femmes souhaitent néanmoins rester à la maison et ne pas travailler, ce qui signifie qu'il reste un travail éducatif à réaliser auprès de nombreuses classes sociales de femmes pour leur expliquer les bienfaits de l'émancipation. Il faut cependant accepter qu'une partie de la population ne soit pas réceptive au message proposé et qu'au final, ce combat ne concerne pas tout le monde.

« Émanciper la femme, c'est excellent, mais il faudrait avant tout lui enseigner l'usage de la liberté » (Emile Zola)

Initiatives européennes contre les stéréotypes de genre

L'Union européenne et ses États membres ont mis en place des initiatives pour lutter contre les stéréotypes de genre.
Par le biais de campagnes de sensibilisation, de programmes éducatifs et de politiques régionales.
Ces initiatives visent à promouvoir une plus grande diversité et à remettre en question les stéréotypes de genre. Des actions telles que l'éducation à l'égalité des sexes dès l'école primaire, la promotion de la diversité dans les médias et la sensibilisation à la lutte contre les stéréotypes sont encouragées dans l'ensemble des entreprises en Europe.

Le plan #EndGenderStereotypes 2025 est un plan ambitieux afin d'éduquer au mieux l'ensemble des populations à ce que sont les stéréotypes : des premiers choix de carrières, d'orientations jusqu'à la vie de la cité, beaucoup de secteurs sont couverts par cette campagne.
Elle permet de comprendre, de mettre des mots sur les maux de la société en matière de genre : l'usage de stéréotypes tend à rabaisser la femme (et d'autre genre et minorités) et donne donc lieu à une violence normalisée, qu'elle soit physique ou verbale.

L'Europe est l'organe idoine pour débuter une politique commune d'intégration des femmes, en éduquant, en débloquant des programmes d'accompagnement, en subventionnant des associations, en modulant l'organe régulateur afin de créer un cadre commun d'action : en gros, demander aux entreprises de se bouger un peu plus activement, afin que les conseils d'administration arrêtent de ressembler à des réunions d'assureurs.

Promouvoir des représentations égalitaires dans les médias

Au sein de la société, les médias jouent également un rôle prioritaire en tant que courroie de transmission des informations et des valeurs éducatives, afin de renforcer leur impact.
De plus, les médias sont également un accélérateur de la propagation des stéréotypes, via les médias traditionnels, mais

également les réseaux sociaux (TikTok, IG, LinkedIn). L'information et l'éducation passent nécessairement par ces nouvelles courroies de transmission, particulièrement prisées des jeunes, loin des médias traditionnels. Des chaînes comme *Le Crayon* le résument bien : un média à mi — chemin entre le débat de société et l'information pure. Voilà comment séduire les jeunes (Le Crayon est un jeune média français lancé par 4 trentenaires pour attirer des cibles moins touchées par les grands médias vers des sujets de société).

Nous reviennent alors les mots de l'ancienne Présidente de la Finlande, Tarja Halonen, qui affirmait que si les peuples vivent et développent eux-mêmes leurs stéréotypes, c'est également « à eux d'y mettre fin ».

Les médias jouent un rôle clé dans la promotion des représentations égalitaires. Les initiatives médiatiques visent à remettre en question les stéréotypes de genre dans la publicité, les émissions de télévision, les films et la presse.

La première étape est celle de la représentation que l'on se fait dans les médias, et dans le cinéma de la femme.

68 % des vidéos regardées sur YouTube en 2022 comportent ostensiblement des stéréotypes de genres.

Cette image de possession, de femme trophée se doit de disparaître, afin de mieux crédibiliser la femme-pouvoir, la femme-action.

La représentation que nous nous en faisons est une femme aux cheveux courts (comme Sandrine Rousseau) !

Ce trait qui semble anodin dénote de la force de nos préconceptions. Depuis le 20e siècle, une femme qui occupe une place importante se doit d'avoir les cheveux courts, à la fois pour transmettre une image de rigueur et de fermeté (e.g. Angela Merkel), mais cela montre également que l'on ne passe pas des heures sur sa coiffure, contrairement à Marie-Antoinette pour qui la coiffure sculpturale était une activité à part entière (Michel Messu, un ethnologue chez le coiffeur).

Nous l'avons évoqué, les années post-COVID ont marqué une résurgence de la masculinisation des médias, avec un recul du nombre de présentatrices (26 % seulement) et un choix d'expertes très orienté (seulement 31 %), montrant encore une fois la « masculinisation » du temps de crise.

Ce recul vient bien évidemment des faisceaux d'évènements actuels, nécessairement défavorables aux femmes (guerre, énergie, crise) puisque les femmes s'y orientent moins, mais il y a également le syndrome de la cellule de crise, des années de séries américaines à suspens et du cliché du général trois étoiles qui vient faire les annonces devant un parterre de journalistes quant à « la situation ».

Ces chiffres se confirment en 2022 (Reuters) puisque seulement 23 % des rédactrices en chef sont des femmes alors qu'aujourd'hui, 40 % des journalistes sont des femmes.

L'exemple marquant est celui du Moyen-Orient qui a pris une habitude plus claire d'avoir des *anchors* femmes, mais a également déployé des efforts considérables pour permettre aux femmes d'accéder à ces études (par l'intermédiaire de bourses), un renouvellement des cours et une plus grande présence de la femme dans l'espace médiatique. On peut évidemment citer l'exemple de Reem Hambazaza ou la Syrienne Aya Ramadan : les médias occidentaux ne se soucient pas de savoir si le présentateur est un homme ou une femme, et le monde arabe se calque sur cette approche, mettant de plus en plus la qualité et l'expertise en avant pour cette nouvelle vague de recrues médiatique.

L'avènement des réseaux sociaux, la prise de parole accrue des femmes, le microjournalisme et l'influence de quartier sont autant d'ingrédients permettant l'émergence du *soft Power* médiatique féminin. Ce soft Power est nécessaire pour faire progresser la qualité des informations, mais également pour mieux traiter les stéréotypes de gens, en les effaçant progressivement.

Progressivement, car ces processus demeurent longs, surtout dans l'inconscient collectif : que fait donc une femme à la tête d'un JT ? Si Aya Ramadan confirme que son père a mis du temps avant de l'accepter, nous avons tous ce cliché en nous. Souvenez-vous de Claire Chazal ou de Laurence Ferrari ?

Arriver à ce niveau, faire face aux difficultés, tout cela nécessite une abnégation de tous les instants, une foi sans faille en sa mission et une confiance en soi inébranlable.

C'est toute l'histoire de la journaliste Christine Ockrent, première femme présentatrice du journal télévisé, en 1985, au parcours journalistique hors du commun, de l'interview d'un Premier ministre iranien déchu jusqu'au pinacle d'un JT sur Antenne 2. Oui, à l'époque, France 2 s'appelait Antenne 2.

Elle occupe désormais des postes exécutifs de prestige, au service de la France, demeurant un exemple de réussite et d'audace, appelées à servir de modèles pour les femmes journalistes de demain.

Son histoire, si elle a désormais près de quarante ans, est un point de repère clé dans la compréhension du pouvoir des médias dans l'avènement d'une société plus égalitaire et plus inclusive.

C'est là tout le paradoxe des médias : en 2023, il ne se passe pas une seule journée sans que nous assistions à un débat sur la transidentité ou les inégalités faites aux femmes, certains commentateurs en herbe étant pour, certains étant contre, et moi, au milieu du champ de tir ! Certainement comme beaucoup d'entre vous, qui parfois vous demandez pourquoi en arriver à de telles extrémités.

Qui se fiche de savoir si Kevin Durant devenait une femme et jouait en WNBA ? Ou Olivier Giroud au football ? Pourquoi perdre du temps dans tant de débats stériles et iniques, la question n'est pas là.

Si la représentativité au sein des médias pointe lentement le bout de son nez, il s'agit surtout de repenser le carcan même de notre relation aux médias, à leur consommation. Celle que nous avons tous.

L'avènement des plateformes donne une tonalité différente à cette lutte, qui n'était jusqu'alors que tributaire des télévisions locales et des pays producteurs de films.

Les plateformes comme Disney+ ou Netflix s'engagent à une égalité salariale à tous les niveaux, ce qui est un premier pas, mais elles sont encore loin en termes de représentativité qualitative et quantitative à l'écran.

Seulement 33 % des personnages sont des femmes, et 17 % sont des personnes non blanches.

Nous pouvons prendre de nombreux exemples au sein des tops séries de 2022 avec notamment *House of Dragons*, *The Boys* ou encore *Peaky Blinders*.

Si l'histoire de nos gangsters anglais préférés se conjugue quasi exclusivement au masculin, traduisant l'âpreté de l'entre-deux-guerres, la série de « super vilains » The Boys présente un club de 7 super héros dans lesquels coexistent 2 femmes et un acteur, de second rôle, noir. C'est en cela qu'il s'agit d'une véritable défaillance qualitative du système.

En effet, de nombreuses études, dont celles de Nielsen, montrent que les personnes dites de minorités sont souvent reléguées au second plan ou servent de faire valoir au héros. Or, la puissance émergente des plateformes de diffusion de contenus et leur spécialisation vont de pair avec une véritable prise de conscience des enjeux de société qui les entourent.

En 2021, ces plateformes ont généré près de 126 milliards de dollars de revenus (Statista) alors que le cinéma en salle génère lui un peu moins de 30 milliards de dollars, soit 4 fois moins.

Il y a donc fort à parier que les mesures prises par ces plateformes vont aller au-devant des crises de société que nous nous préparons, sur que les principaux pays producteurs de contenus demeurent des pays à vivre, pour lequel la classe politique œuvre, pour une féminisation de la société (Californie, France, Japon, Corée, Allemagne).

Conscient de ces enjeux, de nombreux éditeurs de livres et de comics se sont mis à la page, en témoigne l'apparition de Jon Kent, le fils de Clark Kent, en tant qu'américain bisexuel, un vrai pas en avant pour l'éditeur DC Comics, père de Superman, Batman, mais aussi Wonder Woman.

Le sport : briser les stéréotypes de genre

Des Wonder Womans, nous en connaissons pleins, nous en voyons au quotidien dans la rue, au travers du poste (expression un peu surannée) ou dans les différents reportages sur les sportives de haut niveau.

Quel chemin pour en arriver là ?

Il y a le choix dès la plus petite enfance : souvenez-vous de ces trajets interminables à la salle de gym, au basket ou au tennis. Nous y sommes tous passés, car le sport est une des vertus cardinales d'une société qui va bien : combien de pays en guerre continuent-ils de présenter des équipes (Palestine, Ukraine, Arménie) comme symbole d'espoir et vecteur de liant social ?

Je ne peux commencer ce chapitre sans citer notre Aimé national :

« Le sport est dépassement de soi. Le sport est école de vie » (Aimé Jacquet)

Oui. Aimé. Le premier entraîneur français de football a accroché une étoile sur notre fameux maillot tricolore. Que de frissons ! C'est cela le sport, des émotions à la puissance inégalable.

Malheureusement, le sport demeure toujours et encore un endroit de clivages, salariaux comme nous l'avons vu avec le football.

Le sport est un endroit qui s'est construit sur une approche patriarcale et parfois prédatrice, brisant des carrières, des vies, forgeant des femmes qui se battent, inspirantes.

J'ai à ce moment une pensée pour Nathalie Péchalat, avec qui j'avais eu l'occasion de discuter, avant son élection à la Présidence des Sports de Glace en 2020, qui gère désormais l'association Premiers de Cordée, et qui s'était battue contre un système faisandé et verrouillé, révélant les pratiques absolument arriérées de cette fédération, qui ressemble certainement à de nombreuses autres, dans le monde du sport de très haut niveau où plus le piédestal est haut, plus la chute est compliquée.

Big up Noël.

Cette situation, qui s'améliore franchement, est née de l'entrée des femmes sur le marché du travail, et principalement le marché ouvrier, puisque les sports ouvriers étaient traditionnellement masculins.

L'accès à des sports plus huppés se faisait plus facilement pour les femmes, notamment au tennis ou au golf, qui demeurent des terrains plus fertiles à la mixité, puisqu'individuels et sélectifs.

En témoignent les carrières marquantes de Margaret Court (24 chelems), Billie Jean King (première femme à se battre pour la parité à l'US Open) ou encore Althea Gibson, première athlète noire à remporter Roland-Garros en 1956.

Des initiatives sont mises en place pour promouvoir l'égalité des sexes dans le sport, encourager la participation des femmes, combattre les discriminations et déconstruire les stéréotypes associés aux performances physiques et aux rôles traditionnels, mais cela ne suffit pas.

Si le sport est un miroir de la société, il l'est de façon déformante, mettant en exergue les défauts d'une société qui s'est construite sur les performances physiques, et sur des générations de champions se supportant et s'entraînant/cela permet ensuite d'améliorer les infrastructures et d'accélérer la professionnalisation des sportifs par le biais de centres de formation, enfin ouverts aux femmes.

Il suffit de considérer la « flèche du temps » pour comprendre que le sport des femmes va se professionnaliser, attirer de nombreux sponsors financiers, venus du monde de l'entreprise, de la finance, et susciter l'avènement d'une audience intéressée par une autre vision de chaque sport, en témoignent l'attrait pour le tennis ou plus récemment la Coupe du Monde de Football Femmes.

Pour mieux comprendre cette flèche du temps, prenons l'exemple d'un sport qui rassemble les foules depuis des décennies : le rugby.

Sport aux règles complexes, mais aux valeurs simples, qui transcende les classes sociales, sans violence, école de la vie.

Le rugby existe depuis 1823, créé par un jeune étudiant anglais, William Webb Ellis, qui aurait pour la première fois pris une balle de football à la main, et développé ce concept alors novateur.

On lui a dédié une coupe en or massif traditionnellement soulevée soit par une équipe qui bétonne en défense et qui triche dans les rucks, soit par une équipe toute de noir vêtue venue du pays du long nuage blanc.

Ce sport longtemps resté amateur, célèbre pour ses séquences de bagarre générale et ses troisièmes mi-temps s'est professionnalisé en 1995 afin de créer de vraies filières de formation, et devenir une véritable attraction sportive, notamment dans l'hémisphère Nord avec son fameux Tournoi des Six Nations.

Ce tournoi iconique a vu le jour en 1883 et oppose les meilleures nations européennes. Il rassemble plus de 50 millions de téléspectateurs en France. Rien que le match face à l'Angleterre rassemble en général 10 millions de téléspectateurs en France. À titre de comparaison, le match des femmes face à l'Angleterre a rassemblé 2,6 millions de téléspectateurs. Et c'était déjà une véritable performance pour les femmes !

Il aura fallu 140 ans au tournoi masculin pour se parfaire, devenir ce temple d'excellence, générer un engouement et des bisbilles quasi ancestrales.

Le tournoi des femmes existe depuis 1996 et n'est véritablement professionnel que depuis quelques années, un véritable bond dans le temps. Pas surprenant que le niveau vienne s'élever rapidement.

Ici, absolument aucun stéréotype de genre, car aucun besoin de comparaison. Chacun joue avec ses armes, mais avec les mêmes valeurs.

Ces valeurs, ce sont elles qui vont permettre à de tels sports d'attirer plus de licenciées, et donc de mieux former les équipes, de créer de meilleures ligues, de meilleures structures et finalement, de meilleures équipes nationales.

Aujourd'hui, 38 % des licenciées sont des femmes, et 35 % font de la compétition contre 69 % pour les hommes. Cela s'explique principalement par le manque d'encadrement et de structures, de structures appropriées, capable aussi d'anticiper et d'appréhender les changements dans le corps d'une femme, qui lorsqu'elle se sexué, se détourne de la route du sport. Parmi les raisons évoquées, l'acceptation de son corps, la survalorisation de la virilité dans le sport sont contre-intuitives pour de nombreuses adolescentes qui sont trop occupées à comprendre ce qui leur arrive.

C'est ici que le plus gros travail doit être réalisé.

Créer des structures destinées à entourer, en toute transparence et en toute sécurité des sportives, en devenir tout en leur permettant de mieux insérer le sport dans une période adolescente qui est très souvent un tournant dans la vie de beaucoup de sportifs. Je me souviens du sport de haut niveau comme un élément salvateur, déterminant, pour comprendre l'adolescence, le regard d'un coach qui vous fait grandir, évoluer et franchir des barrières insoupçonnées.

Ces sportifs doivent donc être encadrés et coachés, aussi par des femmes, et c'est ici que les disparités sont criantes puisque seules 11 femmes sont DTN (sur 70), 5 % des femmes sont arbitres et 30 % des étudiants en STAPS sont des femmes. On pense évidemment à Madame Stéphanie Frappart, qui a elle ouvert la voie à l'arbitrage féminin. Un exemple à suivre.
Des campagnes de sensibilisation, des programmes de mentorat et des politiques d'inclusion sont développés pour promouvoir un environnement sportif plus égalitaire, mais du chemin reste à faire jusqu'à ce qu'une femme dirige une équipe masculine au plus haut niveau.

La culture : favoriser la diversité et l'inclusion

La culture, sous toutes ses formes, peut jouer aussi un rôle important dans la lutte contre les stéréotypes de genre.
Des initiatives sont lancées pour promouvoir des œuvres artistiques, des spectacles et des événements culturels qui mettent en avant des narratifs non stéréotypés, des personnages féminins

forts et des voix marginalisées. Car si la culture a longtemps été un terreau égalitaire et a vu émerger de nombreuses artistes aux destins aussi glorieux que tragiques comme Frida Kahlo, Coco Chanel ou Barbara Hepworth, elle ne saurait cacher une vérité de classe, privilège des plus aisés.

Mon artiste préférée en est l'exemple parfait : née en 1930 dans une famille aisée parisienne, elle a grandi dans un milieu plus que privilégié avant de s'émanciper et de mener une carrière artistique grandiose, une vie d'engagement et de combats, pour la reconnaissance de son art, mais aussi pour la place politique de la femme dans les milieux artistiques, mais aussi dans la société.

Artiste engagée dans les mouvements protestataires des années 70, elle a grandement contribué à l'essor d'une génération d'artistes reconnues après elle, marquant l'esprit notamment par ses sculptures plantureuses colorées et libres.

Niki de Saint-Phalle représente pour moi la capacité à transcender le beau et le risqué pour en faire un combat de premier ordre, dont les œuvres colorées et voluptueuses sont encore un acte politique majeur soixante ans après.

« La culture ne s'hérite pas, elle se conquiert » (André Malraux)

Si la culture se conquiert, à l'image d'une grande bataille napoléonienne, elle doit pouvoir se conquérir dans toutes les strates de la société, et peu importe les projets.

Les héroïnes que nous venons de citer sont encore une fois l'arbre qui cache la forêt, car la culture, elle aussi, est une lessiveuse de l'inégalité entre les genres.

Le rapport du ministère de la Culture, commandé en 2021 par le gouvernement, présente des écarts de salaires de 24 % en moyenne.

À l'Agessa par exemple, qui est l'équivalent de la sécurité sociale des artistes, ces chiffres sont consternants. Ce rapport montre également que les femmes artistes, dans le cadre de leurs projets, demandent moins de bourses (47 %) et surtout en obtiennent moins (43 %).

Il y a donc un processus de sélection qui est structurellement défavorable aux femmes. Souvent par formalisme, certainement aussi par biais.

Enfin, les femmes sont encore moins « titrées » au sein des neuf grands prix littéraires sur les 10 dernières années, même si ces chiffres demeurent en progression (40 %).

Cette augmentation est une « vraie » bonne nouvelle, car elle présente enfin un système qui semble fonctionner, avec une répartition équitable des talents et l'émergence de nouvelles vagues. Ces vagues, nous avons pu y assister comme l'émergence d'une nouvelle scène de comiques avec des figures de proue telles que Blanche Gardin, Melha Bedia ou Laura Laune et de comédiennes de talent, ne citerais-je que Géraldine Nakache, Leïla Bekhti ou Shirine Boutella.

La culture doit continuer à être ce vecteur de chances, de surprise et d'émerveillement, et ce, peu importe les origines, le genre ou le contexte : c'est ce qui répond à l'homme et la femme lorsqu'ils se demandent ce qu'ils font sur terre.

Conclusion

Ce chapitre a souligné l'importance de lutter contre les stéréotypes de genre pour promouvoir l'égalité entre les hommes et les femmes.

Les initiatives mises en place en Europe, dans les médias, dans le sport et dans la culture visent à remettre en question les normes restrictives, à promouvoir des représentations diverses et inclusives, et à favoriser des opportunités égales pour tous, partout.

L'éducation demeure le pilier principal de toutes les opportunités qui pourront se présenter demain. L'éducation permet que les genres puissent s'exprimer à armes égales : il n'y a ici qu'une chance de sublimer le beau, de parfaire l'existant, et en aucun cas une option de remplacement.

Pour que cela puisse un jour exister, il faut déconstruire les mauvaises habitudes prises depuis des centaines années, et permettre à la forêt de continuer de grandir, tant bien qu'elle produise encore plus d'arbres, de stars capables de prendre la parole, d'inspirer des jeunes filles de tous les milieux, de leur montrer que tout cela est possible, est réel.

Femmes et Hommes : nous ne serons jamais trop de 2 pour éteindre le feu d'une maison qui est en train de brûler.

LA VIE D'APRÈS

Je me promenais dans les rues de Paris, une de ces matinées rayonnantes où les premiers rayons de soleil viennent se fondre dans le décor de cinéma. Le fracas et les bruits incessants réveillent une ville pâlement endormie.

Les odeurs, les parfums, les fragrances des cuisines guident mon chemin vers mon rendez-vous avec la ministre des Transports. Mes sens sont en éveil, au creux de la Ville Lumière, mes oreilles écoutent un nouvel épisode du podcast Bliss de Clémentine Galey sur « La juste répartition des tâches à la maison dans le couple ».

J'observe avec attention les publicités autour de moi, et quelque chose a changé. Les graphismes sont différents. Sur l'une, je vois une femme, habillée en habits de chantier promouvoir une marque de magasins de bricolage. Sur une autre, une femme se retrouve au volant d'une voiture électrique de luxe. Un homme est présenté avec ses enfants en train de cuisiner, faisant la promotion d'un nouveau robot mixeur intelligent.

Ce changement, instauré quelques années auparavant, ne semblait choquer personne tant les chiffres sur la parité semblaient s'accélérer, l'écart se réduire et la société avançait dans le même sens.

Une génération venait de s'écouler et les grands chantiers avançaient grand train en matière d'égalité et d'inclusion, au sein de la société. En effet, les enjeux climatiques et économiques devenant tellement importants dans la société, qu'une accélération contrôlée sur les enjeux d'égalité a permis de retrouver vitalité et engagement au sein de la cité.

Écrire ces lignes en sachant qu'elles sont pour le moment un rêve : c'est mon engagement pour les générations à venir.

Ce dernier chapitre, c'est celui de la prospective, du monde que je souhaite vous léguer, celui que je rêve de voir émerger.

Pas celui des extrémistes quels qu'ils soient où qu'elles soient. La vie est précieuse et complexe, et la victoire se construira dans la nuance et dans le compromis, et le but de cet ouvrage est d'éduquer, de donner accès à une information fiable et complète, afin de créer des opinions constructives.

« Derrière chaque grand homme se cache une femme »

C'est une phrase qui a marqué des générations, dont la mienne, tant de destins subjugués par la présence de femmes fortes à leurs côtés, dans les moments difficiles, dans les décisions les plus cruciales, dans les défaites les plus cruelles.
Difficile de ne pas penser à Napoléon et sa Joséphine, du Général de Gaulle à la disparition de sa fille, jusqu'à Bernadette Chirac qui aura été une figure de la femme d'état derrière le chef d'État pendant plusieurs décennies. Ces femmes ont toujours exercé une grande influence dans les destinées exceptionnelles de ces hommes.

Jacques Chirac le décrit avec beaucoup de tendresse et humour (Mémoires, chaque pas doit être un but, Éditions Nil, 2009). Bernadette était la plus sophistiquée, la plus rebelle, la plus intelligente, lui n'était qu'un « péquenaud ». Ils ont façonné en plus de 50 années de mariage et d'amour une véritable destinée politique, à ce jeune loup, pour qui tout aurait pu s'arrêter tant de fois.

Avec les lunettes de l'époque, cette rengaine nous fera sourire, mais l'avenir est à la femme sur le devant de la scène.
Nous l'avons vu dans tant d'exemples, des couples iconiques qui ont construit leur renommée, aux hommes de l'ombre comme Joachim Sauer, le mari d'Angela Merkel : l'avenir est à nous, l'avenir est à vous.

La promotion de la diversité et de l'inclusion à tous les étages

Vous souvenez-vous de votre premier jour de travail ? Ou de stage ?

Je m'en souviens comme si c'était hier.

J'ai fait mon premier stage dans une entreprise qui vendait du fioul aux particuliers et aux entreprises. Nous étions un standard téléphonique et nous proposions un prix aux clients, prix qui apparaissait sur un vieil ordinateur Windows 95 en noir et vert, et le jeu consistait à faire une marge correcte sans trop facturer le client pour qu'il revienne quand sa cuve sera vide.

J'étais entouré d'un patron qui fumait ses cigares dans son bureau et d'un plateau avec une dizaine de femmes, toutes plus adorables les unes que les autres, et de techniciens et conducteurs de camions-cuves qui s'arrêtaient de temps à autre pour certains ordres de mission, prendre un café et discuter avec nous des différents clients, parfois agréables, parfois absolument horribles avec eux.

J'avais adoré ce premier stage, se confronter avec des clients, ces voix au téléphone dont on ne sait presque rien : des femmes qui craignaient de devoir payer trop cher aux vieux briscards alsaciens qui m'insultaient en alsacien quand le prix était trop cher. Une véritable école de formation, certes, mais d'un autre temps.

Je n'ose pas imaginer la même scène où la patronne fume ses cigares dans son bureau pendant que 10 hommes prennent les commandes, en racontant le week-end passé à emmener les enfants au sport, à faire la lessive et la cuisine, et à profiter de la balade en forêt du dimanche. Lorsque l'on dit que c'est une question de génération, c'est le cas ici.

Imaginez une scène pareille, comme ce serait cocasse.

Avec les lunettes de l'époque, ce serait impensable, mais 15 ans après, l'émergence de cette pensée positive sur la gouvernance d'entreprise des femmes, de leur émancipation progressive au sein du foyer et l'arrivée de politique salariale et familiale plus équilibrée favoriserait une telle situation. Il ne manque plus qu'à aimer les cigares !

La seule chose désormais impensable, c'est de fumer un barreau de chaise dans son bureau.

N'est pas Danny de Vito qui veut.

Les politiques de conciliation travail-vie personnelle

Le premier chantier de ce Nouveau Monde se situe bien évidemment au niveau de l'équilibre des forces entre la perspective de carrière et la vie familiale construite sans un niveau maximal de pression.

Bien que de nombreux progrès aient été réalisés, et qu'une réelle volonté existe de la part des hommes de réduire ces inégalités, il reste beaucoup de travail à faire pour que les femmes puissent réellement accéder aux plus hautes fonctions. Beaucoup de barrières existent, et si la construction sociétale est le principal frein, l'existence d'un processus de formation et de cooptation des femmes à haut potentiel est nécessaire pour permettre leur essor.

Cet accomplissement permettra un lissage partiel des inégalités salariales, et la création de clusters de formations, permettant à encore plus de femmes d'accéder à de telles fonctions, et lissera également l'effet de népotisme, le remplaçant plus certainement par un népotisme de classe, beaucoup plus coriace.
En effet, la nature ayant horreur du vide, l'élite est exclusive et excluante, et dans son processus de pérennisation, il faudra remplacer les femmes par une autre source de vexation. Cette source d'injustice sociale basée sur les revenus, les femmes vont devoir l'assumer complètement, et assumer faire partie du problème d'un autre système inégalitaire que celui qu'elles ont pu connaître.

L'accès à des systèmes de gardes partagées, un congé parental sur mesure et élargi et un retour à l'emploi garanti sont autant de sécurités et de garanties limitant l'effet de décrochage qui est observé après les 5 premières années de présence dans le monde du travail.
Nous avons pu observer au travers des enquêtes et sondages réalisés que beaucoup de craintes se situent autour de la

maternité. Nous avons également prouvé que c'est ce moment bien précis qui vient créer le plus gros décrochage de carrière entre les deux sexes.

La maternité, si elle est un évènement magnifique, est source de stress et de complications logistiques pour lesquelles les entreprises doivent plus s'impliquer.

Elles le peuvent en favorisant un congé parental payé plus long (comme dans les pays nordiques), favoriser la flexibilité au travail et dans les horaires, et enfin supporter ses employés dans la garde de leurs enfants. La réalité derrière ces aspects techniques est que l'entreprise doit s'engager à ne pas créer de décrochage dans les carrières et les salaires.

Engager les femmes (et hommes) dans un parcours et un suivi personnalisé sur les mois qui suivent la maternité ou paternité est important pour permettre un retour sain à l'emploi, mais surtout s'assurer que le potentiel de l'employé ne se dégrade pas (moins de promotions, moins de salaires, moins d'opportunités).

Pour que les entreprises comprennent mieux les problèmes et les risques sous-jacents, il faut qu'elles puissent mettre des mots sur ces inégalités qu'elles ne voient parfois simplement pas.

Les sondages montrent également que le couple, le foyer est prêt à recevoir un contexte égalitaire, paritaire et inclusif, et que les hommes sont de plus en plus prêts à faire le sacrifice de la carrière pour l'éducation des enfants : un véritable bond en avant pour l'inclusion de la femme dans le foyer en tant que décisionnaire, mais aussi en tant que *bread winner*, une appellation qui n'existe que depuis peu, merci Christine Lagarde.

Le foyer de demain sera hybride, incluant la notion de travail à distance afin de mieux gérer les périodes compliquées, inclura également un congé menstruel pour mieux se rapprocher des difficultés auxquelles font face tous les jours les femmes.

De combattantes, elles doivent être pleinement intégrées au processus de décision à l'intérieur de la famille comme elles le font par le brio de leurs parcours de carrières, qu'elles auront décidé de choisir ou non, le choix de rester mère au foyer ou de mettre en parenthèse sa carrière demeurant un choix à la discrétion de la femme, mais demeurant désormais un choix pour elle, et non plus une obligation.

La promotion de la participation des femmes dans les postes de direction

Ce monde idéal comporte une représentation équilibrée des femmes dans les postes de direction.

Cette représentation est essentielle pour une égalité durable. Des initiatives telles que l'établissement de quotas de genre, la promotion de la mixité des conseils d'administration, la mise en place de programmes de mentorat et de développement du leadership féminin favorisent une plus grande représentation des femmes aux postes de décision.

Des pays comme la Norvège ont introduit des quotas de genre avec succès, offrant un exemple d'action efficace : c'est donc que cela peut fonctionner. Nous avons pu observer que les quotas de genre demeurent un outil efficace pour forcer la parité à se constituer au fil des générations et permettre aux employés de bien en comprendre les implications.

De façon très pragmatique, il n'y a pas de raison qu'une femme dirige mal une entreprise ou une association, bien qu'elle use parfois de méthodes différentes. S'il y a un différentiel dans la répartition professionnelle parfois due à des contraintes physiques (conduire, construire, supporter des charges), la connaissance du milieu et l'éducation sont des vecteurs puissants de prise de conscience et de prise de pouvoir.

Quand bien même le secteur d'activité serait plus masculin, les études et surtout les sondages réalisés auprès des personnels de ce type d'entreprises montrent un taux de satisfaction largement supérieur à la moyenne du secteur.

C'est que les femmes se débrouillent plutôt bien pour gérer les situations de conflits et les roadmaps stratégiques.

Tout au long du livre, nous avons vu à quel point les strates les plus élevées, les organes de décision et les partis politiques étaient verrouillés par les hommes, et à quel point ce machisme latent n'est pas encore prêt à céder du terrain aux femmes.

Personne n'est réellement prêt à céder à la vindicte ici d'un mouvement féministe virulent et manquant parfois sa cible, oubliant que le temps fera son œuvre. La publicité parfois douteuse réalisée par certains mouvements féministes montre les limites du système et de la patience nécessaire à atteindre ses objectifs.

La politique des quotas s'avère la politique la plus efficace afin de remplir le réservoir de candidates.
J'ai eu l'occasion de travailler avec les organismes de formation à la conduite de bus en 2018 en France afin de réfléchir à une méthode pour rendre ces métiers plus attractifs.
C'était la double peine pour le secteur, qui manquait en Europe de 200 000 chauffeurs et dont seulement 8 % étaient des femmes.
C'était un casse-tête pour comprendre le pourquoi du comment : elles refusaient de conduire un bus, que ce soit dans la ville ou un car de tourisme et notre rôle était d'organiser des workshops avec les instances dirigeantes et des chauffeurs potentiels pour mieux appréhender les freins.
Très simplement, rouler 13 heures par jour, faire la police dans son bus et dormir dans une petite chambre d'hôtel, c'était incompatible avec une vie saine et motivante pour les femmes.
Le manque global de chauffeurs nous mettait néanmoins la puce à l'oreille sur l'attrait en général du job et nous avons travaillé à des formations spécifiques, notamment avec Pôle Emploi et l'ADEME (Agence de la transition écologique) afin d'attirer des personnes en recherche d'emploi, même sur des courtes durées ou sur des lignes de bus plus courtes. Il y avait une difficulté supplémentaire dans le monde du bus, à savoir le dumping social réalisé par certains de nos voisins européens, notamment les pays de l'Est.
Paradoxalement, ils avaient plus de femmes qui conduisent des bus qu'en France (environ 20 %). C'étaient donc ici les limites de la politique des quotas puisque la main-d'œuvre manquait cruellement et qu'aucun quota ne suffisait. Il fallait combattre le mal à la racine.

Inscrire dans sa politique générale voir dans ses statuts, dans sa mission d'entreprise une égalité à tous les niveaux obligera les entreprises à s'adapter et surtout à ne plus se couper de relais de croissance comme certains profils de femmes, pour finir retoqués parce que la machine ne fonctionne pas de cette façon. Beaucoup d'entreprises accaparent la cause écologique et s'inscrivent dans des processus *B-Corp* ou « entreprise à mission », allant parfois jusqu'à inscrire dans leurs statuts l'impératif écologique.

Il n'est donc pas si saugrenu de penser cela pour l'égalité et l'inclusion des genres.

Pour l'écologie, cela a pris du temps, car la logique de la machine capitaliste pousse vers la croissance continue, et les indicateurs sont tout sauf des indicateurs de surcroissance. Cependant, l'inversion des tendances de consommation, le retour à la production locale stimulent de plus en plus les entreprises à repenser leur approche économique d'une cause sociale. Pour faire simple : acheter bio il y a 15 ans, c'était être bobo, acheter de l'industriel et du chimique en 2023, c'est has been.

Tout cela pour des points de croissance.

C'est une question que je pose souvent lors des conférences que j'anime : combien de points de croissance votre entreprise a — t-elle laissée sur la route en s'obstinant à recruter des hommes moins qualifiés, juste parce qu'ils étaient des hommes ?

C'est une réalité qui peut certainement être quantifiée et qui montre encore une fois un processus qui marche sur la tête. Beaucoup d'hommes peuvent souffler d'avoir pu faire carrière grâce à autant d'inégalités.

L'éducation à l'égalité des sexes dès le plus jeune âge

L'éducation, également, joue un rôle clé dans la promotion d'une égalité durable. L'intégration de l'éducation à l'égalité des sexes dans les programmes scolaires, la sensibilisation aux stéréotypes de genre et l'encouragement de la participation égale des filles et des garçons dans tous les domaines contribuent à briser les barrières et à créer une société plus équitable.

Ce sont par ces mots que je souhaite mettre l'emphase sur le besoin d'éducation à l'égalité des sexes, la compréhension d'un tel enjeu dans un environnement qui n'a cessé d'être régressif pour les femmes.

« Tu ne t'agenouilleras plus jamais ma sœur »

Dès la prise en charge des enfants en maternelle, des cours d'éducation expliquant l'importance, mais surtout les bienfaits de l'égalité doivent être dispensés.

Nos voisins du Nord l'ont déjà mis en place et l'on constate à la fois un recul des incivilités jusqu'à l'âge adulte, mais surtout une hausse généralisée des notes dans les classements PISA, montrant une corrélation claire entre égalité et qualité dans l'éducation. Un retard que la France accuse, à la fois, sur les notes en général où la France n'est que 23e, mais également sur l'éducation et le civisme dès le plus jeune âge. L'intégration de plus de cours d'éducation civique et de « vivre ensemble », permettant aux jeunes de comprendre que cette inégalité est un acquis social et que tout comportement contre peut en réalité être répréhensible.

J'ai grandi dans une société conservatrice où l'on m'a enseigné que je n'avais pas le droit de taper, d'humilier, de voler et j'ai avancé avec ces principes, en gardant en tête que la justice pouvait intervenir. La situation concernant l'éducation et le respect des genres doit être placée au même niveau.

S'il est un monde masculiniste à déconstruire, ou au moins à ajuster, il est un monde éducatif à réinventer, dans lequel les professeurs hériteront de plus de considération et de plus de valorisation de leur travail au sein de la classe, classe dans laquelle les élèves pourront mieux s'épanouir sans climat de peur ni de rapport de force.

Le décrochage du lien professeur - élève est également un grand frein aux avancées éducatives, et le monde de demain se recentrera sur l'éducation ou il sera celui de l'obscurantisme.

J'ai grandis où la neige venait draper les toits d'argiles des maisons à colombages, j'ai grandis dans le respect des filles à la cour de récré, et qui m'ont tour à tour fait la morale, puis fait grandir, pour devenir l'homme que je suis devenu : cet éternel romantique d'une époque follement désuet, chic et vieille, mais désormais amoureux éperdu d'un futur dans lequel l'échec n'est pas une option.

La lutte contre la violence et le harcèlement

La lutte contre la violence et le harcèlement est un aspect crucial de l'égalité durable. Cette violence, nous y sommes confrontés depuis notre tendre enfance, sans forcément nous en rendre, ou simplement sans nous rendre compte de l'environnement privilégié dans lequel nous grandissons.

J'ai vu dès mon adolescence la violence et le harcèlement, lorsque j'accompagnais ma première petite amie dans sa cité, en banlieue de Strasbourg.

Il était pour moi difficile d'imaginer que des filles et des femmes puissent subir cela, toute la journée.

Il était encore plus dur d'observer leurs réactions, elles qui s'échinaient à grimper l'échelle sociale, à grandir dans cette France multiculturelle, pluriethnique qui accepte tous ses enfants comme des enfants de la République.

Car la violence n'était ici pas le fait d'une origine ou d'une religion, mais simplement de la bêtise humaine et elle doit être punie sévèrement. Pensez bien, lorsque vous voyez ces profils dans votre entourage qu'elles ont certainement vécu cela tous les jours de leur vie, et se sont frayé un chemin escarpé là où vous avez emprunté l'autoroute.

Des politiques de tolérance zéro, des formations de sensibilisation, des protocoles de signalement et de soutien aux victimes sont essentiels pour créer un environnement de travail sûr et respectueux.

Des initiatives telles que le mouvement #MeToo ont mis en lumière l'ampleur du problème et ont encouragé des actions concrètes pour combattre la violence et le harcèlement, et ce dans tous les milieux.

« La bêtise humaine est la seule chose qui donne une idée de l'infini » (Ernest Renan)

Nous avons pu voir au travers des témoignages d'entrepreneures, de gérantes d'associations, de sportives de haut niveau qu'elles ont grandies avec cette violence et ce harcèlement depuis l'enfance, que ce soit par jalousie, misogynies ou simple stupidité. Des histoires, toutes plus sordides les unes que les autres, sont sorties des placards, et le tabou a été brisé. Cette insupportable omerta faisait des victimes des personnes murées dans un silence douloureux. Maintenant, la peur a changé de camp.

S'en sortir grandi permet de mieux appréhender ces inégalités et de mettre en place des structures pour mieux les combattre.
Cependant, les structures actuelles sont insuffisantes et symptomatiques du pansement sur la jambe de bois, à savoir que ce traitement doit se faire de façon systémique, à la racine, par le biais de l'éducation d'un côté, dès la maternelle, mais également par le biais de la punition.
L'exemple de Dubaï montre que les peines dissuasives fonctionnent, que ce soit par des peines lourdes d'emprisonnements pour des délits comme le vol ou l'agression, ou une lourde amende, ce qui est également très dissuasif comme lorsque vous passez au feu rouge.

Dans un monde proche, le harcèlement existe encore, mais diminue par la forte pression sociale exercée sur les harceleurs, la dureté des peines assorties et du ban social.
La violence envers les femmes cessera lorsque l'appareil judiciaire se saisira du problème, et proposera une démarche véritablement protectrice des femmes battues.
Je peux vous le confier : lorsque l'on voit un membre de sa famille se faire rouer de coups par son conjoint et qu'on est impuissant, car enfant, il devient ensuite très difficile dans sa vie d'adulte de donner des circonstances atténuantes à la violence faite aux femmes. Il n'y a pas de place pour cela dans notre monde, et pas de rédemption possible.

Des cours dès le plus jeune âge sur le respect, des peines de services civiques, auprès des femmes battues par exemple, ou au service de la communauté permettront en partie de remettre les fautifs dans le droit chemin, car je ne souhaite plus que les femmes de ma famille grandissent dans un environnement où elles doivent regarder au-dessus de leur épaule dès qu'elles rentrent chez elles le soir.

Conclusion

Des souvenirs que je chéris de mon enfance me reviennent sous les couleurs de Saïda, les odeurs d'épices et les chants des femmes dans la plaine de la Bekaa.
Ces femmes qui endossent tous les rôles, qui hier étaient les cheffes de maison, deviennent maintenant présentatrices TV ou influenceurs d'un monde qui n'a de cesse de s'embraser, et de piétiner la condition humaine dans toute sa splendeur.

Mais dans cette vie d'après, l'espoir prend forme, après tous ces siècles à se chercher, à créer des inégalités, parfois par pur opportunisme, parfois le long du chaud souffle de l'histoire.

« Nous sommes comme les noix. Nous devons être brisés pour être découverts » (Khalil Gibran).

Cette citation de Khalil Gibran est intéressante, car drôle et tellement pleine de sens.
Seule la destruction du modèle existant, d'apparence indestructible et rondement construite nous montrera quelle vérité s'y cache vraiment : celle d'une société adolescente qui doit désormais se diriger vers un âge adulte et faire face à ses problèmes d'addiction et ses crises, et elle n'y arrivera qu'en mélangeant les savoir-faire des deux sexes, forme d'union sacrée.
Et quand bien même cette vie d'après portera encore sa couronne d'épines d'injustices et d'inégalités réfractaires, elle aura exposé les schémas, les procédés et les petites manigances pour faire de la femme un outil qu'elle n'est pas.
Cette vie nouvelle est porteuse de nouvelles fleurs, couronnées d'une audace et d'une ambition renouvelée face à une société au socle de valeurs branlant et aux certitudes grisonnantes.

« Si on veut obtenir quelque chose que l'on n'a jamais eu, il faut tenter quelque chose que l'on n'a jamais fait » (Périclès)

ÉPILOGUE

Ce dernier chapitre a mis en avant des solutions concrètes et des exemples inspirants qui peuvent contribuer à une égalité durable entre les hommes et les femmes au travail.

La promotion de la diversité et de l'inclusion dans les entreprises, les politiques de conciliation travail-vie personnelle, la participation des femmes dans les postes de direction, l'éducation à l'égalité des sexes, la lutte contre la violence et le harcèlement, ainsi que la représentation équilibrée des femmes dans les médias et la culture sont autant de domaines d'action essentiels. Des domaines d'actions essentiels pour lesquels les femmes doivent se battre, mais également les hommes, grands absents de ce débat. Trop souvent sur le banc des accusés, les hommes ne sont encore peu intégrés aux débats et motivés à être eux-mêmes porteurs de solutions.

Ces exemples démontrent qu'il est possible de réaliser des progrès significatifs vers une société plus égalitaire.

Cependant, il reste encore du travail à faire. Il est essentiel de continuer à sensibiliser, à promouvoir des politiques et des pratiques égalitaires, et à encourager la participation de tous les acteurs, qu'ils soient individus, entreprises, gouvernements ou organisations.

Ensemble, nous pouvons construire un avenir où l'égalité entre les hommes et les femmes au travail est une réalité durable.

Ce livre souhaitait explorer en profondeur la question de l'égalité entre les hommes et les femmes au travail, en mettant en évidence les défis historiques, les avancées réalisées et les efforts restants à entreprendre.

Nous avons examiné l'importance de l'égalité de genre non seulement d'un point de vue moral, mais aussi d'un point de vue économique et social. Nous avons constaté que la réalisation d'une société plus égalitaire présente de nombreux avantages et opportunités pour tous.

Les solutions concrètes et les exemples inspirants présentés tout au long de ce livre démontrent que des progrès significatifs sont possibles.

Il est essentiel de poursuivre nos efforts pour promouvoir une égalité durable et créer un environnement de travail équitable pour tous.

Pour y parvenir, il est primordial de mettre en place des politiques et des initiatives qui favorisent la diversité, l'inclusion et la représentation équilibrée.

L'une des solutions clés réside dans la promotion de la diversité dans les entreprises.

Les politiques de diversité et d'inclusion, les programmes de mentorat et les comités de diversité sont des moyens efficaces de favoriser un environnement de travail égalitaire. En encourageant une plus grande représentation des femmes, des minorités de genre et des groupes marginalisés, nous favorisons la créativité, l'innovation et la résolution de problèmes complexes.

Une autre solution importante réside dans la mise en place de politiques de conciliation travail-vie personnelle. En offrant des horaires flexibles, des congés parentaux et des services de garde abordables, nous permettons aux individus de mieux équilibrer leurs responsabilités professionnelles et personnelles. Cela favorise une meilleure qualité de vie, une productivité accrue et une satisfaction au travail.

La promotion de la participation des femmes aux postes de direction est enfin essentielle. En établissant des quotas de genre, en créant des programmes de mentorat et de développement du leadership féminin, nous renforçons la représentation des femmes dans les décisions stratégiques et nous favorisons des politiques plus égalitaires.

L'éducation joue un rôle clé dans la promotion de l'égalité. Intégrer l'éducation à l'égalité des sexes dans les programmes scolaires, sensibiliser aux stéréotypes de genre et encourager la participation égale des filles et des garçons dans tous les domaines sont des moyens de construire une société plus équitable dès le plus jeune âge.

La lutte contre la violence et le harcèlement, ainsi que la promotion de la représentation équilibrée des femmes dans les médias et la culture, sont également des domaines d'action importants. En combattant les normes restrictives, les stéréotypes de genre et les préjugés, nous construisons un environnement plus inclusif et respectueux, dans lequel toutes et tous se sentiront en sécurité.

Une société plus égalitaire présente de nombreux bienfaits. Elle favorise l'épanouissement individuel, le bien-être mental et physique, ainsi que la satisfaction au travail. Elle stimule la créativité, l'innovation et la productivité. Elle contribue à la construction d'une économie plus forte et plus durable. Elle renforce la cohésion sociale et favorise une société plus juste et équilibrée.

Pour atteindre ces objectifs, il est nécessaire de mobiliser l'ensemble de la société. Les individus, les entreprises, les gouvernements, les organisations et les médias ont un rôle à jouer dans la promotion de l'égalité. Il est crucial de soutenir les initiatives existantes, d'en créer de nouvelles et de collaborer pour faire progresser l'égalité des genres.

Finalement, la réalisation d'une société plus égalitaire est un défi de taille, mais un défi qui vaut la peine d'être relevé. En mettant en œuvre des solutions concrètes et en soutenant une vision égalitaire, nous pouvons créer un avenir où les hommes et les femmes sont égaux en droits, en opportunités et en représentation.
C'est un avenir où la diversité est célébrée, les talents sont pleinement exploités et les contributions de tous sont valorisées.

Engageons-nous ensemble vers cette vision d'une société plus égalitaire et bâtissons un monde meilleur pour les générations présentes et futures.

C'était l'histoire d'un garçon qui observait les filles, dans la cour de l'école, pour mieux les comprendre, dans sa cage dorée.

C'est l'histoire d'un homme qui veut reconstruire les murs brisés d'une société trop longtemps construite sur des inégalités et sur des malentendus coupables, pour mieux la transformer en machine capable d'exploiter tout le potentiel de nos deux genres face aux défis du monde.

Nous ne sommes qu'un point bleu pâle dans cet univers.

Mes remerciements vont aux nombreux mentors qui ont pu orienter mes réflexions et m'aider à approfondir ce travail de recherche.

Des personnes qui orientent ce travail de tous les jours jusqu'à celles qui par un seul échange m'ont permis de m'élever et d'avoir l'empathie nécessaire pour comprendre les injustices de ce monde.

Ce voyage initiatique commence toujours par un ou plusieurs femmes qui marquent votre vie et nourrissent cet amour de l'aventure et de la découverte.

À ma famille, de sang et de cœur
À mes sœurs
À mes frères
À mes mentores
À mes lecteurs et lectrices.

TABLE DES MATIÈRES

Structures éditoriales
du groupe L'Harmattan

L'Harmattan Italie
Via degli Artisti, 15
10124 Torino
harmattan.italia@gmail.com

L'Harmattan Hongrie
Kossuth l. u. 14-16.
1053 Budapest
harmattan@harmattan.hu

L'Harmattan Sénégal
10 VDN en face Mermoz
BP 45034 Dakar-Fann
senharmattan@gmail.com

L'Harmattan Congo
219, avenue Nelson Mandela
BP 2874 Brazzaville
harmattan.congo@yahoo.fr

L'Harmattan Cameroun
TSINGA/FECAFOOT
BP 11486 Yaoundé
inkoukam@gmail.com

L'Harmattan Mali
ACI 2000 - Immeuble Mgr Jean Marie Cisse
Bureau 10
BP 145 Bamako-Mali
mali@harmattan.fr

L'Harmattan Burkina Faso
Achille Somé – tengnule@hotmail.fr

L'Harmattan Togo
Djidjole – Lomé
Maison Amela
face EPP BATOME
ddamela@aol.com

L'Harmattan Guinée
Almamya, rue KA 028 OKB Agency
BP 3470 Conakry
harmattanguinee@yahoo.fr

L'Harmattan Côte d'Ivoire
Résidence Karl – Cité des Arts
Abidjan-Cocody
03 BP 1588 Abidjan
espace_harmattan.ci@hotmail.fr

L'Harmattan RDC
185, avenue Nyangwe
Commune de Lingwala – Kinshasa
matangilamusadila@yahoo.fr

Nos librairies
en France

Librairie internationale
16, rue des Écoles
75005 Paris
librairie.internationale@harmattan.fr
01 40 46 79 11
www.librairieharmattan.com

Librairie des savoirs
21, rue des Écoles
75005 Paris
librairie.sh@harmattan.fr
01 46 34 13 71
www.librairieharmattansh.com

Librairie Le Lucernaire
53, rue Notre-Dame-des-Champs
75006 Paris
librairie@lucernaire.fr
01 42 22 67 13